FREELANCING BUSINESS

MEHR ZEIT UND GELD ALS FREIBERUFLER

von Tim Chimoy

1. Auflage Juli 2015
www.earthcity.de

Gestaltung und Satz:
Kristin Braun
www.kris-braun.de

ISBN-13: 978-1530057665
ISBN-10: 1530057663

Gewidmet meiner Designerin, weil sie immer ihren Kopf durchsetzt und meine Bücher in die beste Form bringt.

INHALTSVERZEICHNIS

KAPITEL 1

ZUM EINSTIEG

EINLEITUNG

Es war im Dezember 2011, auf einem Flug von Sydney nach Bangkok, auf dem ich unter dem geringeren Luftdruck und nach zwei Gläsern Rotwein die Entscheidung traf, meinen Job als Architekt zu kündigen und zukünftig selbstständig mein Glück zu versuchen. Vor allem der Wunsch nach mehr Freiheit und mehr Eigenverantwortung waren mein Antrieb. Aber auch die Aussicht auf ein höheres Einkommen motivierten mich. Diese Wünsche wurden nach meiner Kündigung zu meinen Zielen, meinen Motivationsfaktoren. Ich startete kurz danach als Freelancer und bin seither nicht wieder in eine feste Anstellung zurückgekehrt. Über die letzten vier Jahre habe ich mir ein virtuelles Team aufgebaut, das mir einen Großteil des operativen Geschäftes abnimmt und mir heute erlaubt, mich selbst aus den laufenden Prozessen weitestgehend herauszuhalten.

Heute, fast vier Jahre später, habe ich meine Ziele in Bezug auf meine zeitliche Flexibilität erreicht. Ich habe deutlich mehr Freiheit als jemals zuvor. Ich sitze, während ich diese Zeilen tippe, an einem Montagmorgen in meinem Lieblingscafé und beschäftige mich mit neuen Projekten. Als Angestellter hätte ich um diese Zeit vermutlich ein sinnloses Meeting über mich ergehen lassen müssen. Heute kann ich mir aussuchen, wann und wo ich arbeite und muss mich nicht in unbequeme Anzüge zwängen.

Auch mit der finanziellen Unabhängigkeit hat es für mich funktioniert. Im Vergleich zu meinem vorherigen Gehalt als Angestellter konnte ich mich deutlich steigern. Das trägt nicht zuletzt dazu bei, dass es für mich keinen Grund gibt, jemals in eine Festanstellung zurückzukehren. Mir fällt kein einziges Argument ein, warum es mir dort besser gehen sollte. Jedoch waren die letzten vier Jahre nicht leicht und es gab auch viele Rückschläge. Denn damals, im Dezember 2011, hatte ich zwar bereits einen konkreten Plan, aber noch recht wenig Ahnung, wie ich diesen Plan umsetzen kann. Ich wollte technische Architekturzeichnungen, sogenannte CAD-Pläne, für meine Kunden erstellen. Als ausgebildeter Architekt mit einigen Jahren Berufserfahrung erschien mir dies als ein guter Einstieg, um erst einmal einen Einkommensstrom aufrechtzuerhalten. Das Freelancen sah ich ich als eine ideale Übergangslösung, bis ich eine andere Möglichkeit gefunden hatte, mein Einkommen zu erwirtschaften. Langfristig wollte ich nicht mehr nur meine Zeit gegen Geld tauschen, sondern Wege finden, mein Geld unabhängig von der investierten Zeit zu verdienen.

Ich dachte damals, ich würde das Kundengeschäft nur ein paar Jahre betreiben und parallel an einem eigenen Produkt arbeiten, das mir dann eine Einkommensquelle eröffnen würde, die unabhängig von meiner Arbeitszeit Geld einbringt. Doch es kam anders. Heute verdiene ich mein Geld immer noch im direkten Kundengeschäft. Der Unterschied ist jedoch, dass ich es geschafft habe, mich vom Tausch »Zeit gegen Geld« freizumachen. Mein Dienstleistungs-Business läuft auch, ohne dass ich den ganzen Tag im Büro sitze. Noch besser: Ich brauche gar kein Büro.

In diesem Buch erfährst du, wie ich das geschafft habe und wie du dies auch erreichen kannst. Ein Freelancing-Business als Einzelkämpfer ist heutzutage mit der richtigen Strategie problemlos skalierbar und kann dir maximale Freiheit ermöglichen. Du musst es nur richtig angehen und über den Tellerrand blicken und dich nicht von falschen Glaubenssätzen einschränken lassen. Viel Spaß bei der Lektüre.

DIE MISERE DER FREIBERUFLER

Immer wieder taucht sie auf, die »Zeit-gegen-Geld-Falle«. Auch hier im Buch erwähne ich sie öfter. Aber was ist das eigentlich für eine Falle? Was ist an ihr so furchtbar? Und kann man sich aus ihr befreien?

Im Grunde ist das recht einfach zu erklären: Es gibt skalierbare Geschäftsmodelle und es gibt Geschäftsmodelle, in denen du deine reine Arbeitszeit verkaufst, also einen festen Stundensatz berechnest. Letztere sind nicht skalierbar, da dein Tag nur 24 Stunden besitzt und du auch noch schlafen und essen musst. Es bleiben dir maximal 10 Stunden zum Arbeiten. Wenn du diese mit deinem Stundensatz multiplizierst, hast du deinen Tageshöchstsatz erreicht. Mehr geht nicht. Wenn du deine eigene Arbeitszeit gegen einen Stundenlohn verkaufst, dann kannst du nur eine beschränkte Zahl an Stunden verkaufen. Deine einzige Stellschraube ist dein Stundenlohn und auch dieser ist begrenzt. Wenn du zu teuer wirst, beauftragt dich keiner mehr. Kurz gesagt: Dein höchstes erreichbares Einkommen ist gedeckelt.

Dies ist die klassische »Falle«, in der viele Freiberufler stecken. Sie tauschen ihre Zeit gegen einen Stundenlohn. Bei einigen Berufen, wie z.B. Zahnärzten oder Rechtsanwälten ist diese Falle nicht ganz so kritisch, da sie einen recht hohen Stundenlohn abrechnen können. Viele andere Freelancer in anderen Bereichen haben aber weitaus geringere Stundensätze und ihr mögliches Einkommen ist somit weitaus niedriger, ebenfalls gedeckelt durch die Stundenzahl, die sie leisten können. Zudem haben sie kein Einkommen mehr, wenn sie einmal nicht arbeiten. Es gibt nur unbezahlten Urlaub.

Bei skalierbaren Modellen ist das anders. Skalierbare Modelle haben meist mit Produkten und nicht mit Dienstleistungen zu tun. Das können Wissensprodukte sein (z.B. ein Buch oder ein Lernvideo), das können aber auch physikalische Produkte sein. Wenn du beispielsweise Socken in einem Onlineshop verkaufst, dann kannst du 5 Socken oder 5.000 Socken verkaufen. Für dein Einkommen macht das einen riesengroßen Unterschied. Für deinen zeitlichen Aufwand macht das eher einen geringfügigen Unterschied, ob du 5 oder 5.000 Sendungen verschickst.

Freiberufler bzw. Freelancer haben den Ruf, immer in der beschriebenen Zeitfalle zu stecken. Daher wird Freelancing oft als unskalierbar angesehen und es wird häufig dazu geraten, Kundengeschäft nur als Übergang zu betreiben, bis sich etwas Skalierbares auftut. In diesem Buch möchte ich genau das widerlegen und aufzeigen, dass man auch als Freelancer – ganz ohne Angestellte, aber mit Hilfe eines Offshore-Netzwerks – die Zeit-gegen-Geld-Falle hinter sich lassen und sein Business fast bis ins Unendliche skalieren kann.

Wenn du gerade erst über eine Selbstständigkeit nachdenkst, lass dir gesagt sein: Du musst das Kundengeschäft nicht nur als eine Übergangslösung ansehen, um irgendwann nach ein paar Jahren wieder etwas ganz Neues zu beginnen. Nicht nur klassisches E-Commerce und eigene Produkte sind skalierbar. Auch Kundengeschäft ist skalierbar, und zwar mindestens genau so gut. Die Frage ist vielmehr, welcher Bereich dir mehr Freude macht und wo du deine bereits vorhandenen Fähigkeiten am besten einsetzen kannst.

Wenn du bereits freiberuflich tätig bist: Du musst dein mühsam aufgebautes Kundengeschäft nicht aufgeben, um finanziell unabhängig zu werden. Es gibt andere Wege und über diese sprechen wir hier in diesem Buch. Gemeinsam spielen wir durch, wie du dein kleines Ein-Personen-Freelancer-Business nehmen kannst, um daraus etwas Größeres zu schaffen. Dass dies möglich ist, glaubst du mir spätestens am Ende dieses Buches. Meine Unternehmung ist der beste Beweis dafür.

MEINE PERSÖNLICHE GESCHICHTE

Bevor wir mit den »Hard Facts« loslegen, erzähle ich dir kurz, wie sich die Dinge bei mir entwickelt haben. Wie bereits erwähnt, erstellte ich Architektur-Zeichnungen im Kundenauftrag. Vom klassischen Büro für technische

Zeichnungen (so wie es viele in Deutschland gibt) unterschied mich damals erstmal wenig. Mein Alleinstellungsmerkmal beschränkte sich zu diesem Zeitpunkt alleine auf meinen Nachnamen, was eher nachteilig ist. Meine ersten Kunden kamen alle aus meinem bereits vorhandenen Netzwerk, das ich mir in meiner Zeit als Angestellter aufgebaut hatte. Neukunden-Akquise betrieb ich zunächst keine.

Das Geld im ersten Jahr als Freelancer war okay. Es reichte, um durchzukommen. Die Aufträge schwankten sehr und es gab auch hin und wieder Monate, in denen ich Angst hatte, meine Rechnungen nicht bezahlen zu können. Dann kamen wieder Monate, in denen es wesentlich besser lief. Ich lebte häufig von der Hand in den Mund und hangelte mich phasenweise von Monat zu Monat. Im Grunde war es so, wie ich es auch schon als Angestellter erlebt hatte: Am Monatsende war die Kasse leer.

Irgendwann hatte ich keine Lust mehr. Ich wollte raus aus der Zeit-gegen-Geld-Falle. Das Kundengeschäft zwang mich, immer für meine Kunden erreichbar zu sein und endete oft in Nachtschichten. So hatte ich mir die angestrebte Freiheit eigentlich nicht vorgestellt. Wenn ein neues Projekt hereinkam, musste ich mir ausreichend Zeit blockieren und mit der Arbeit kurzfristig beginnen.

Erst Anfang 2013 begann ich, als es bei mir finanziell immer noch nicht besser aussah und ich lange keine neuen Kunden mehr hatte, mich intensiv mit Akquisemethoden zu beschäftigen. Ich machte etwas, das ich mich vorher nie getraut hatte: Ich rief potentielle Neukunden einfach an, stellte ihnen meine Dienstleistung vor und warb dabei mit einem besonders niedrigen Preis. Ich hatte Angst, es würde mich keiner beauftragen, wenn ich »normale« Preise verlange und dachte mir damals: Preiswert zieht immer.

So war es dann auch. Erschreckenderweise funktionierte das tatsächlich sehr gut. Ich gewann viele neue Kunden und hatte plötzlich eine gute Auftragslage. Es graute mir aber schon vor all der Arbeit, die nun vor mir lag. Auch mein Stundensatz war nun noch weiter gesunken, da ich mich am

Telefon bei den Neukunden sehr preiswert verkauft hatte. Es blieben also nur zwei Möglichkeiten: Ich musste Aufträge ablehnen oder ich musste einen Weg finden, Arbeit günstig auszulagern.

Über Mitarbeiter hatte ich nie zuvor nachgedacht. Aufgrund von Ängsten entscheiden sich viele Freelancer an diesem Scheideweg für Möglichkeit eins. Und auch ich tat mich schwer, mich mit dem Gedanken anzufreunden, Arbeit auszulagern, die mir Kunden anvertraut hatten. Ich hatte aber das Glück, durch mein Umfeld (digitale Nomaden, Gründer) bereits viele meiner falschen Glaubenssätze abgelegt zu haben und war offener für Experimente. Somit entschied ich mich für Option zwei. Ich suchte mir zeichnerische Unterstützung von Architekten, und zwar im günstigeren Ausland. Outsourcing – ganz so, wie es die großen Konzerne auch machen. Nur eben im Kleinen.

Ich startete damals ein Offshore-Netzwerk, ohne diesen Begriff zu diesem Zeitpunkt zu kennen. Ich schaltete Jobangebote auf diversen internationalen Job-Plattformen (auf die wir später noch zu sprechen kommen). Auf einer Plattform namens Elance fand ich meinen ersten Freelancer, einen jungen Architektur-Absolventen aus Rumänien mit sehr guten Zeichenfähigkeiten. Wir wickelten erfolgreich ein erstes Projekt miteinander ab. Die Zeichnungen gingen hin und her. Er zeichnete, ich korrigierte, und so weiter. Der Zeitaufwand war zu diesem Zeitpunkt aufgrund der Korrekturen im Vergleich zu heute immer noch recht hoch, aber trotzdem deutlich geringer als zuvor.

Ich hatte bei diesem Projekt mit der Zeichenarbeit selbst nichts mehr zu tun und musste nur die (zugegebenermaßen zahlreichen) Korrekturen und den Kundenkontakt übernehmen, übersetzen und vor allem vor der Abgabe die Qualität der Zeichnungen sicherstellen. Mein zeitlicher Aufwand betrag ca. 50 Prozent der Zeit, die ich sonst benötigt hätte, wenn ich es selbst gezeichnet hätte. Ein ausgebildeter Architekt zeichnete für mich für einen Stundenlohn von unter 10 Euro professionelle Pläne und bekam von mir (für rumänische Verhältnisse) immer noch ein sehr gutes Gehalt. Wir waren beide zufrieden.

Ich hatte daraufhin plötzlich viel mehr Zeit zur Verfügung, um mich auf andere Dinge zu konzentrieren. Ich musste zwar meinen Freelance-Mitarbeiter bezahlen, aber hatte am Ende immer noch eine saftige Marge. Wie hoch diese Marge genau war, verrate ich hier nicht. Sagen wir mal so: Sie war extrem lukrativ und ist es heute immer noch.

Es kamen über die folgenden Monate weitere Freelance-Architekten hinzu. Die Prozesse zwischen mir und den Offshore-Freelancern waren am Anfang oft noch chaotisch und jedes Projekt musste einzeln durchgesprochen werden. Ich entschied daher, mich langfristig auf bestimmte Zeichendienstleistungen zu beschränken, um die Prozesse weiter optimieren, schlanker gestalten und Standardabläufe erstellen zu können.

Aus einem Freelancer wurden zwei, wurden drei. Heute sind es bereits fünf feste Freelancer, die ich beschäftige, sowie ein lockeres Netzwerk aus Spezialisten, die bei spezielleren Aufträgen mit eingespannt werden können. Job-Plattformen nutze ich heute nicht mehr, da hier hohe Gebühren anfallen. Aber sie haben mir anfänglich sehr geholfen, Freelancer zu rekrutieren.

Übrigens: meine Offshore-Freelancer sind für mich wie Mitarbeiter. Trotzdem nenne ich sie hier bewusst Freelancer, denn sie sind nicht von mir angestellt. Sie könnten im Grunde jederzeit gehen, wir haben keinerlei vertragliche Vereinbarung. Warum ich das so handhabe und worin die Vor- und Nachteile liegen, darauf kommen wir später noch ausführlich zu sprechen.

Wenn du mit einem Offshore-Netzwerk arbeitest, sind feste Prozesse unglaublich wichtig. Mit wachsender Zahl der Freelancer habe ich diese immer mehr etabliert. Aufträge werden nach einem festen Schema abgearbeitet, damit jeder weiß, in welchem Teil des Prozesses sein Arbeitsbereich liegt. Wir nutzen dafür Tools für eine bessere virtuelle Zusammenarbeit.

Heute weiß ich, dass Freelancing bzw. direktes Kundengeschäft auch ohne die Zeit-gegen-Geld-Falle funktioniert. Du musst nicht auf das Verkaufen von Produkten umsteigen, um dich davon frei zu machen. Du musst lediglich deine Dienstleistung zum Produkt machen. Aber dazu später mehr.

GLAUBENSSÄTZE AUFBRECHEN, ZIELE SETZEN

Hast du schon einmal den Begriff »limitierende Glaubenssätze« gehört? Wenn nicht, dann erkläre ich es dir kurz: Glaubenssätze sind im Grunde so etwas ähnliches wie Dogmen. Unter einem Dogma versteht man eine feststehende Definition oder eine grundlegende normative Meinung, deren Wahrheitsanspruch als unumstößlich gilt.

Limitierende Glaubenssätze sind Sätze, die dich einschränken, dich zurückhalten und dich kleiner machen, als du eigentlich bist. Glaubenssätze, die in deinem Kopf herumspuken, werden automatisch zur Realität. So wie wir zu uns selbst sprechen, so sind wir. Worte schaffen Realität.

Glaubenssätze und Überzeugungen geben uns Halt und ein Gefühl von Sicherheit. Sie funktionieren für viele Menschen wie ein Sicherheitsnetz, das sie vor Enttäuschungen schützt. Aber genau diese Überzeugungen können sehr stark dazu beitragen, dass wir unsere Komfortzone nicht verlassen oder sogar Enttäuschungen erleben, da wir automatisch Situationen anziehen, in denen wir uns in unseren Glaubenssätzen bestätigt sehen können.

Alle Glaubenssätze, von denen wir fest überzeugt sind, prägen unser Handeln und Denken. Sie schränken uns dabei häufig ein, denn am Ende sind es eben nur Glaubenssätze und keine Wissenssätze. Typische Glaubenssätze können zum Beispiel so lauten:

- *»Es ist okay, wenn ich wenig verdiene.«*
- *»Das werden meine Kunden nicht gut finden.«*
- *»Outsourcing ist großen Konzernen vorbehalten.«*
- *»Ich nehme in Deutschland Menschen den Job weg.«*
- *»Die werden mich eh alle nur übers Ohr hauen wollen.«*

Sätze wie diese sorgen dafür, dass du unter deinen Möglichkeiten bleibst oder dass du Möglichkeiten nicht siehst, die dir zur Verfügung stehen, weil du denkst, dass es dir nicht zusteht, davon Gebrauch zu machen.

Um alle Methoden und Denkweisen in diesem Buch verstehen und umsetzen zu können, ist es bei dem einen oder anderen Leser vermutlich erforderlich, limitierende Glaubenssätze hinter sich zu lassen und sich weiter für diverse Möglichkeiten zu öffnen und Dinge aus einer neuen Perspektive zu sehen.

Der Begriff Outsourcing zum Beispiel hat im deutschsprachigen Raum eine extrem negative Konnotation. In den Medien ist die Rede von großen Konzernen, die ihre Produktion in Deutschland schließen und somit vielen Menschen die Lebensgrundlage entziehen, um dann ihre Produktion in Ländern mit günstigerer Arbeitskraft wieder zu eröffnen und somit viele Millionen zu sparen.

Natürlich ist es tragisch, wenn Paul Müller in Bochum seinen Job verliert und die Existenzgrundlage seiner Familie gefährdet ist. Zugleich freut sich aber Paul Modrea aus Rumänien, der einen Job in der neuen Produktion bekommt und endlich seine Familie vernünftig ernähren kann. Ich persönlich finde nicht, dass mir Paul Müller aufgrund unserer gemeinsamen Staatsbürgerschaft näher stehen muss als Paul Modrea. Aber das ist eine sehr persönliche Ansichtsweise, die sicher streitbar ist. Darum geht es hier auch gar nicht.

Fakt ist, dass Outsourcing negativ besetzt ist. Ein typischer Glaubenssatz eines deutschen Freelancers kann also lauten: »Outsourcing ist schlecht.« Dass aber jener Freelancer es sich niemals leiste könnte, sich in Deutschland einen Angestellten zu leisten, ist dabei nicht bedacht.

Einen freien Mitarbeiter in Rumänien hingegen kann er sich leisten. Bezahlt er diesem einen Lohn, der leicht über dem ortsüblichen Lohn liegt, so ist dies eine reine Win-Win-Situation. Es wird niemandem ein Job weggenommen, da es ihn ja niemals gegeben hätte. Der Freelancer in Deutschland kann wachsen. Der Freelancer in Rumänien hat ein gutes Auskommen und kann seinen Teil dazu beitragen, die Lebensumstände in seinem Land weiter zu verbessern.

Siehst du nun, wie mächtig limitierende Glaubenssätze sein können? Lass sie uns gemeinsam überwinden. Öffne dich für neue Möglichkeiten und die Welt steht dir im wahrsten Sinne des Wortes offen.

EINZELKÄMPFER UND FREI DABEI

Ist man als Freelancer automatisch auch freier? Ja und Nein. Man kann sich natürlich zum Sklaven seiner Kunden machen. Eine falsch strukturierte Tätigkeit als Freiberufler kann sich mitunter in den stressigsten Job der Welt verwandeln, wenn der Stundensatz zu gering ist, die Kunden nicht zufrieden sind und ständig Korrekturen einfordern oder man einfach zu allem »Ja und Amen« sagt, ohne sich zu trauen, zu schlechten Kunden auch einmal Nein zu sagen.

Auf der anderen Seite kann man sich als Freelancer extrem frei machen, wenn man einige Dinge anders angeht. Man muss dazu nicht unbedingt hart arbeiten, sondern vielmehr smart. Ein hoher Stundenlohn, Selbstbewusstsein gegenüber den Kunden und den Mut, die richtigen Kunden zu werben, sind nur ein paar der Kriterien, die in diese Richtung führen.

Ein weiterer Scheideweg entsteht, wenn du als Freelancer an den Punkt kommst, dass du mehr Aufträge hast, als du selber stemmen kannst. Du kannst diese Aufträge dann entweder ablehnen oder aber dein Team erweitern. Die meisten, die sich für Zweiteres entscheiden, denken spätestens an diesem Punkt darüber nach, einen Mitarbeiter einzustellen.

Viele erfolgreiche Firmen sind so geboren worden. Aus einem Mitarbeiter wurden zwei, wurden zehn, wurden hundert. Es gibt eine Menge Dienstleistungsfirmen, die so rapide gewachsen sind. Auch die letzte Firma, in der ich selbst als Angestellter tätig war, hat einmal als kleines Dienstleistungsbüro begonnen und hatte bei meinem Ausscheiden vor einigen Jahren weit über 1.000 Mitarbeiter.

Es gibt heute aber auch einen anderen Weg. Einen Weg, der dir wesentlich mehr Freiheit ermöglicht. Dieser Weg mag womöglich nicht als Gründer eines börsennotierten Unternehmens enden, aber sicherlich in mehr Lebensqualität und Flexibilität für einen selbst, ohne dass man völlig auf Wachstum verzichten muss. Du kannst Chef und zugleich einziger fester Mitarbeiter eines Unternehmens mit Millionenumsatz sein. Es gibt zahlreiche Beispiele dafür. In fast allen diesen Beispielen musst du aber trotzdem nicht die gesamte anfallende Arbeit übernehmen, sondern kannst zahlreiche Aufgaben an Mitarbeiter abgeben. Diese sind jedoch nicht fest angestellt und müssen sich zudem nicht einmal am selben Ort wie du befinden.

Wie das gehen soll? Als Solopreneur kannst du dir hierzu die Möglichkeit eines Offshore-Netzwerks zunutze machen. Immer mehr Freelancer und Solopreneure können theoretisch ihren gesamten Papierkram digital abwickeln. Warum muss die persönliche Assistentin dann also noch im selben Raum sitzen? Warum muss sie überhaupt in Deutschland sitzen? Auch in Polen finden sich fantastische Buchhalterinnen, die mitunter über sehr gute Deutschkenntnisse verfügen.

Aber das geht doch nicht? Achtung: Glaubenssatz! Und ob das geht. Ich mache es seit Jahren so und fahre damit höchst erfolgreich. Anstatt ein Team von 5 Mitarbeitern in einem Büro in Berlin unter mir zu versammeln, arbeite ich mit 5 fantastischen Architekten aus einem osteuropäischen Land zusammen, die den Großteil ihrer Zeit für mich tätig sind.

Wenn einer dieser Freelancer aus meinem Team einmal einen externen Auftrag annehmen will, dann sprechen wir dies ab und ich bin einverstanden. Wenn bei mir einmal die Auftragslage eng ist, dann sprechen wir dies ebenfalls ab und die Freelancer suchen sich Aufträge an anderer Stelle. Sie wissen, dass ich sie im Regelfall zuverlässig mit Aufträgen versorge und für das Lohnniveau ihres Heimatlandes überdurchschnittlich gut bezahle. Das macht sie zu treuen Mitarbeitern. Wenn ich aber einmal keine Aufträge habe, dann muss ich keine Löhne weiterzahlen. Die Freelancer sind zudem erfahren genug, schnell an anderer Stelle Jobs akquirieren zu können.

Wir alle, die in diesem Netzwerk zusammenarbeiten, sind loyal zueinander und haben ein großes Maß an Vertrauen. Gleichzeitig genießen wir aber auch alle Freiheiten und sind ungebunden. Wenn ich lange keine Aufträge mehr hätte, würde ich nicht in eine Pleite hineinschlittern, – wie es der Fall wäre, wenn ich weiterhin die Löhne zahlen muss – sondern bin frei und flexibel. Für mich liegt darin das Zukunftsmodell in der Dienstleistungswirtschaft.

Arbeitnehmer hören solche Thesen natürlich gar nicht gerne, denn den Menschen ist wenig so wichtig wie ihre berufliche Sicherheit. Man kann dies aber auch unter anderen Aspekten sehen: Wer lernt, seine Arbeitskraft erfolgreich zu verkaufen und zugleich gute Arbeit abliefert, der findet auch immer wieder einen Auftraggeber.

Angestellte werden heute sowieso schon zu kleinen Unternehmern, denn sich auf seinem Bürostuhl auszuruhen, ist in Zeiten erhöhter Kündigungswellen sowieso nicht mehr möglich. Auch in der Festanstellung überleben die, die unternehmerisch denken. Warum dann nicht auch gleich dieselben Freiheiten nutzen?

Oft kommen an dieser Stelle Argumente für die Festanstellung, wie »Ich brauche die Jobsicherheit, um meine Familie zu ernähren«. Seine Familie kann man aber auch ohne Jobsicherheit ernähren. Meistens geht es bei der Argumentation nur um die tief sitzende Angst vor der Unsicherheit und dem Zwang, das Leben selbst in die Hand zu nehmen. Produktivität steht auch in direktem Zusammenhang mit dem Druck, immer das Beste geben zu müssen. Sicherheit ist zudem völlig überbewertet.

Für dich als Solopreneur mit einem wachsenden Dienstleistungs-Service bedeutet ein Netzwerk aus Freelance-Mitarbeitern erst einmal geringeres

Risiko, mehr Flexibilität und oft auch einen besseren Stundenlohn. Warum solltest du dir das nicht zunutze machen? Such dir Mitarbeiter, die diese Freiheit ebenfalls zu schätzen wissen. Mein Tipp lautet: Wachst gemeinsam, aber bleibt frei.

KAPITEL 2

AUSGANGSLAGE FREELANCING

12 MONATE »ZEIT GEGEN GELD«

In diesem Buch geht es darum, der »Zeit-gegen-Geld-Falle« als Freiberufler oder Dienstleister zu entkommen. Aus diesem Grund will ich auch nicht all zu detailliert auf die Basics des Freelancings eingehen, weil du eventuell schon seit mehreren Jahren erfolgreich als Freiberufler arbeitest, und werde diesen Bereich kurz und knapp halten. Wir skalieren ein grundsätzlich bereits gut laufendes Business als Freiberufler gemeinsam, sodass du am Ende mehr verdienst und deine Zeit freier einteilen kannst. Bevor es aber soweit ist, musst du eben ein gut laufendes Geschäft als Freelancer betreiben, damit auch etwas da ist, was skaliert werden kann.

Die nächsten Abschnitte richten sich vor allem an all jene, die noch angestellt sind und den Schritt in die Selbstständigkeit erst planen. Ebenfalls lesen solltest du dieses Kapitel, wenn du bereits selbstständig bist und Aufträge hast, aber in dem Bereich noch Luft nach oben ist. Bevor wir skalieren, solltest du ausgebucht sein. Falls dein Business als Freelancer bereits boomt, kannst du auch zum nächsten Kapitel springen, in dem wir dann direkt in die Skalierung einsteigen. Falls du also den Schritt ins Freelancing noch vor dir hast, du noch Optimierung bei der Kundengewinnung sieht oder du einfach noch einmal gemeinsam mit mir ein paar Business-Basics durchgehen möchtest, dann ist dieses Kapitel für dich genau richtig.

Warum ich diesen Abschnitt »12 Monate Zeit gegen Geld« genannt habe? Ganz einfach. Für den Fall, dass du gerade erst mit dem Freelancing beginnst, empfehle ich dir, mindestens 12 Monate Erfahrungen zu sammeln und weiterhin deine Zeit gegen Geld zu tauschen. Deine Arbeitskraft auf Stundenbasis an deine Kunden zu verkaufen, ist eine notwendige Übung. Meine Methoden zur Automatisierung und Skalierung machen erst Sinn, wenn du als Freelancer auf sicheren Beinen stehst und Erfahrung gesammelt hast. 12 Monate solltest du dir also gönnen, um ausreichend Kunden heranzuholen, deinen finanziellen Puffer wachsen zu lassen und operative Prozesse zu verinnerlichen.

Alles, was zu deinem Geschäft gehört, solltest du selbst einmal von vorne bis hinten durchgespielt haben. Ja, auch deine Steuererklärung solltest du einmal komplett selbst gemacht haben, so grausam diese Aufgabe auch erscheinen mag. Es wird sich später bezahlt machen. Denn auch, wenn du diese Dinge später abgibst oder auslagerst: Du solltest verstehen, was zu tun ist.

In den nächsten Abschnitten geht es also erst einmal um die Basics, die nötig sind, dein Freelance-Business auf eine Stufe zu heben, von der aus wir dann in die Skalierung einsteigen können, allen voran Organisation, Akquise und Vermarktung.

Wenn du schon lange freiberuflich arbeitest, dann sind diese 12 Monate in deinem Fall natürlich schon längst »abgefrühstückt« und du kannst gleich damit beginnen, die Dinge aus diesem Buch zu implementieren.

FREELANCING ALS IDEALER EINSTIEG?

Du bist noch nicht selbstständig, aber planst den Einstieg als Freelancer? Dann ist dieser Abschnitt für dich! Ich will kurz die Vorteile, aber auch die Nachteile ansprechen, um sicherzugehen, dass eine Selbstständigkeit als Freiberufler wirklich das Richtige für dich ist.

Als Freiberufler bzw. Freelancer bist du dein eigener Chef. So weit, so gut. Was viele vergessen: Du bist damit auch für sämtliche Abläufe verantwortlich, die sonst dein Chef für dich übernommen hat. Steuern, Abrechnungen, Akquise, Bestellungen, Versicherungen, all diese Dinge hängen nun an dir.

Du kannst nun zwar deine Zeit so einteilen, wie du es möchtest und im Idealfall auch selbst entscheiden, von wo aus du deine Arbeit verrichtest, aber die schiere Menge an Aufgaben wird deutlich mehr. Es bleibt dir also wenig Zeit, um diese frei einzuteilen. Du hast weniger Freizeit und musst länger arbeiten, darfst dir deine wenige Freizeit aber frei einteilen und einfach mal deine Mittagspause um zwei Stunden verlängern, wohl wissend: Die Arbeit muss dann am Abend nachgeholt werden.

Freelancing ist kein einfacher Weg. Vor allem die ersten zwei bis drei Jahre stellen sich bei den meisten Menschen als extrem steinig heraus. Trotzdem bin ich davon überzeugt, dass es der ideale Einstieg in ein selbstbestimmtes Leben ist, denn man kann auf dem Weg vom Angestellten zum Freelancer den Übergang nahezu ohne Einnahmeverluste hinbekommen, wenn man die ersten Kunden bereits im Vorhinein aus der sicheren Deckung der Festanstellung akquirieren konnte.

Zudem benötigt man für den Start keine großen Bürostrukturen. Die heute zur Verfügung stehenden Tools ermöglichen es dir als Freelancer, dass du ohne physisches Büro trotzdem effizient arbeiten kannst. Die Umstellung kann mit ein wenig Vorplanung sehr fließend vonstatten gehen, was den Einstieg leichter macht. Man muss sich kein zusätzliches Wissen aneignen, keine Produkte erstellen oder in Vorkasse gehen. Als Freelancer kann man, ganz im Sinne des sogenannten »Lean Startup«-Gedankens, ohne großartige Investitionen starten und erst dann ins eigene Business investieren, wenn es der Cashflow hergibt. Zudem bekommst du in der Regel dein Geld, sobald ein Projekt abgeschlossen ist und du deine Rechnung stellen konntest. Einnahmen sind somit recht schnell möglich, auch wenn diese am Anfang direkt an deinen Zeiteinsatz gekoppelt sind.

Freelancing ist also ganz klar ein recht schneller und verhältnismäßig einfacher Einstieg in die Selbstständigkeit, aber hat natürlich auch seine Hürden. Hier sind vier Punkte, die du beachten solltest:

DU ARBEITEST ALS FREELANCER RELATIV VIEL ALLEIN.

Als Freelancer hast du nicht mehr die Büroumgebung, die du noch aus deiner Zeit als Angestellter kennst. Du arbeitest vermutlich zukünftig viel zuhause und bist ganz allein. Das kann sich durchaus auf die Arbeitsmoral ausschlagen und für eine depressive Grundstimmung sorgen. Allein zu arbeiten hat natürlich auch Vorteile. Es stört dich keiner, du hast keine nervigen Meetings und kannst selbst entscheiden, ob du Musik hörst, dir einen ganz leisen Ort aussuchst oder dich irgendwo ins Gewusel setzt. Wenn du mit dem Alleinarbeiten Probleme hast, solltest du dir einen Coworking-Space suchen oder dich mit befreundeten Freelancern zusammenschließen. Unter der wachsenden Zahl der digitalen Nomaden gibt es viele, die gemeinsam in Coworking-Camps an schönen, sonnigen Orten arbeiten. Wichtig ist nur, dass du dich wohlfühlst und motiviert bleibst.

DU MUSST SELBSTDISZIPLIN AUFBRINGEN.

Ein ganz wichtiger Punkt. Wer sein eigener Chef ist, der muss auch diese Rolle übernehmen können. Wenn du hier bereits am Anfang scheiterst, dann solltest du dir die ganze Sache vielleicht noch einmal überlegen oder dich intensiver mit dem Thema Selbstdisziplin beschäftigen. Ein Thema, zu dem es viele gute Bücher gibt. Selbstdisziplin ist eines der wichtigsten Kriterien, die zwischen Erfolg und Erfolglosigkeit entscheiden und auch in fünf Jahren noch genauso wichtig sind.

DU MUSST DICH SELBST WEITERBILDEN.

Um dich von der Konkurrenz abzuheben, musst du am Trend der Zeit bleiben. Egal, in welchem Bereich du arbeitest: Du musst Zeit einkalkulieren, um dich weiterbilden zu können und dich darüber zu informieren, wo die Trends liegen. Das gilt für Webdesigner genauso wie für Programmierung, Feng-Shui-Berater oder technische Zeichner. Ein Wissensvorsprung kann ein wichtiges Argument für potentielle Kunden sein, sich für dich zu entscheiden.

DU BENÖTIGST ERSPARNISSE.

Diesen Punkt beachten viele nicht. Aber als Freelancer können auch einmal plötzlich und für längere Zeit aus irgendwelchen Gründen die Aufträge wegbleiben. Du musst trotzdem deine Miete rechtzeitig überweisen und deine Spaghetti Carbonara bezahlen können. Daher ist ein Puffer von mehreren Monaten für Freelancer ein absolutes Muss.

Wie viel Geld benötigst du im Monat? Multipliziere diese Summe mit 12 und du hast einen Puffer, der halbwegs in Ordnung ist. Weniger ist eher schlecht und blockiert dich im Kopf. Geldsorgen bremsen Kreativität aus.

Wenn du nun immer noch Freelancen möchtest, dann sprechen wir im nächsten Abschnitt darüber, wie du an Kunden kommst.

METHODEN ZUR KUNDENGEWINNUNG

Es gibt da draußen viele schlaue Ratgeber zum Thema Akquise, aber am Ende lernt man dieses Thema, wie so vieles im Leben, im Grunde nur durch eigenes Ausprobieren. So war es zumindest bei mir. Hilfreich ist es jedoch, einige Methoden zu besprechen, mit denen du dir aus der Masse der Möglichkeiten etwas aussuchen kannst, das zu deinem Business und auch zu deiner eigenen Persönlichkeit passt. Kaltakquise am Telefon beispielsweise funktioniert in vielen Bereichen immer noch. Wer sich aber damit quält, der sollte sich andere Methoden aussuchen.

Zuerst einmal solltest du zwischen drei Grundtypen der Kundengewinnung unterscheiden: Kundengewinnung durch persönliche Kontaktaufnahme, Kundengewinnung durch kostenlosen Content und Kundengewinnung durch bezahlte Werbung.

Die Methoden innerhalb der persönlichen Kundenansprache sind relativ klar definiert. Bei den anderen Methoden sind die Grenzen zunehmend fließend, aber dazu später mehr.

PERSÖNLICHE KUNDENANSPRACHE

Festzuhalten ist erst einmal, dass die persönliche Kundenansprache die unumstrittene Königin unter den Akquisemethoden ist. Auch ich habe hiermit meine besten Erfolge gehabt. Ein persönlicher Kontakt von Mensch zu Mensch ist einfach durch nichts zu ersetzen, wenn es um Dienstleistungsaufträge geht, bei denen höhere Auftragssummen im Spiel sind und auch viel Vertrauen vorhanden sein muss. Unter die persönliche Akquise fallen Empfehlungen von Bestandskunden, Massekontakte, Telefonakquise, Kontakte von Networking-Events, aber auch Live-Webinare. Also alles, wo eine direkte, persönliche Interaktion entsteht und wo auch »gemenschelt« wird. Ein sympathisches, gegenseitiges Lächeln. Eine Gemeinsamkeit, die man feststellt. Ein kleiner, privater Einblick in die Person, mit der man es zu tun hat. Das sind, so blöd das auch klingen mag, vertrauensbildende Maßnahmen und somit mächtige Waffen in der Akquise. Diese mächtigen Waffen funktionieren nur in der persönlichen Kundenansprache und das ist es, was diese Methode so mächtig macht. Menschen wollen mit Menschen ins Geschäft kommen. Ein Grund, warum Webinare als Akquisetool immer wichtiger werden, ist, dass sie keine direkte Anwesenheit an einem bestimmten Ort erfordern, aber trotzdem persönlichen Kontakt ermöglichen. Webinare sind somit besonders für ortsunabhängige Selbstständige interessant, die nicht in der Nähe der Kunden arbeiten.

KUNDENGEWINNUNG DURCH (KOSTENLOSEN) CONTENT

Kundengewinnung durch kostenlosen Content ist heute die zweitwichtigste Methode und gewinnt durch die Möglichkeiten des Netzes an Bedeutung. Bloggen gehört beispielweise dazu. Unter Content zähle ich sämtliche Inhalte, die dich als Experte in deinem Bereich positionieren, und mit denen die Leser oder Zuschauer Vertrauen in deine Fähigkeiten aufbauen. Kostenlosen Content (oder in manchen Fällen wie bei Büchern auch preiswerten Content) kannst du über viele Wege verbreiten. Blogbeiträge auf deinem eigenen Blog, Gastbeiträge, Beiträge auf Social-Media-Plattformen, Youtube-Videos, kostenlose E-Books, günstige Bücher bei Amazon oder Podcasts und andere Audio-Inhalte. All diese Formate bieten dir Plattformen, um dein Wissen mit potentiellen Neukunden zu teilen, die dich dann im zweiten oder dritten Schritt für weitere Dienstleistungen beauftragen. Viele Freiberufler haben Angst davor, kostenlos Wissen abzugeben oder sehen nicht ein, warum sie dieses verschenken sollen. Aber wer in Vorleistung geht, dem bringt man ein größeres Vertrauen entgegen, weil man sich ein Bild davon machen kann, wie viel Ahnung der Freelancer von seinem Fachbereich tatsächlich hat. Zudem funktioniert diese Methode auch durch das Gesetz der Reziprozität so gut. Wer gibt, dem wird zurückgegeben. Du sollst dabei nicht dein gesamtes Pulver verschießen und all dein Fachwissen verschenken. Bleib bei Basiswissen und Alltagstipps. Für Unterstützung, die in die Tiefe geht, lässt du dich dann beauftragen.

KUNDENGEWINNUNG DURCH BEZAHLTE WERBUNG

Auf dem absteigenden Ast befindet sich die klassische Werbung. Sicherlich weiterhin wichtig und davon ausgenommen: Werbung auf Suchmaschinen oder Social-Media-Werbung. Diese Bereiche werden auch langfristig relevant bleiben. Werbung über Banner oder gar in Printmedien, z.B. über Zeitungsannoncen, funktioniert in manchen wenigen Fällen zwar noch, diese Werbeform kostet aber recht viel und bringt im Verhältnis wenig. Wenn du Kunden noch durch bezahlte Werbung hinter dem Ofen hervorlocken möchtest, dann solltest du dir eine Kombinationsmethode aus bezahlter Werbung und kostenlosem Content zunutze machen. Diese könnte z.B. so aussehen:

Du erstellst ein kostenloses E-Book, das für potentielle Neukunden sehr wertvolles Wissen enthält. Für dieses E-Book baust du eine Webseite, auf der man das E-Book nach Eingabe seiner E-Mail-Adresse kostenlos herunterladen kann. Dann bewirbst du dieses E-Book auf Facebook (das wäre dann der bezahlte Werbeteil). Bei Facebook kannst du sehr genau bestimmen, welchen Usern deine Werbung gezeigt werden soll, du kannst die Usergruppe also recht genau auf deine ideale Zielgruppe zuschneiden. In deiner Werbeanzeige bewirbst du also dein kostenloses E-Book und sammelst im Gegenzug E-Mail-Adressen. Dieser Liste von Personen kannst du später regelmäßige E-Mails senden, in denen du durch kostenlosen Content weiter Vertrauen aufbaust und später auch intensiv deine Dienstleistung bewirbst. Wenn du diese Kette eine Weile optimierst, kann sie zu einem fantastischen Akquisekanal werden.

Allgemeines E-Mail-Marketing zählt übrigens auch zu den Werbestrategien, die immer schlechter funktionieren – es sei denn, man hat eine gute Liste mit hochrelevanten E-Mail-Adressen. Eben diese erhältst du über die oben beschriebene Methode.

Welche Methode du letztlich einsetzt und welche für dich gut funktioniert, das musst du einfach ausprobieren und testen. Am besten fängst du mit etwas an, das dir auch persönlich liegt. Bedenke nur, dass manche Methoden schnell zu neuen Kunden führen, während andere Methoden, allen voran die Content-Methoden, viel Vorbereitungs- und Anlaufzeit benötigen.

Nach einer Weile werden aus Erstkunden langsam Stammkunden und du musst deutlich weniger akquirieren. Bei mir liegt der Prozentsatz der Stammkunden unter den Auftraggebern bei über 70 Prozent. Das zeigt, dass auf Dauer die beste Akquisestrategie lautet, seine vorhandenen Kunden glücklich und zufrieden zu machen. Diese empfehlen einen dann auch gern weiter.

Weiter Infos findest du hier: www.earthcity.de/kunden

SELBSTVERMARKTUNG MIT EINEM BLOG

Es gibt diverse Möglichkeiten, dir langfristig mit der richtigen Strategie eine völlig kostenlose und völlig automatisierte »Akquisemaschine« aufzubauen. Klingt verrückt? Funktioniert aber. Es erfordert jedoch zu Beginn recht viel Arbeitseinsatz und Durchhaltevermögen, da es recht lange dauert, bis diese Maschine zum Laufen kommt. Ich empfehle dir aber, parallel zur klassischen Akquise unbedingt auch an deiner Online-Reichweite zu arbeiten. Nicht, um später mit deinem Blog Geld zu verdienen. Mit einem Blog verdient man nämlich kein Geld. Zumindest nicht direkt. Sondern, um dein Selbstmarketing basierend auf deinem Blog aufzubauen, und dann diesen Marketingkanal zu nutzen, um darüber Kunden zu generieren.

Die beste Plattform hierfür ist ein Blog, aber es gibt auch noch diverse andere Möglichkeiten wie beispielsweise einen Podcast, einen Youtube-Kanal oder eine Xing-Gruppe. Was zu deinem Business passt, das musst du selbst entscheiden. Ich kenne einen Steuerberater, der 90 Prozent seiner Klienten über seinen Youtube-Kanal bezieht. Ich kenne einen Business-Coach, der allein über seine Xing-Gruppe akquiriert. Die Möglichkeiten sind vielfältig. Ein Blog ist jedoch die Methode, die den meisten am leichtesten fallen wird und wofür es auch die meisten Infos gibt, wie man eine Reichweite aufbauen kann. Eine entsprechende Website lässt sich mit Wordpress relativ leicht selbst erstellen oder idealerweise an deine vorhandene Website angliedern. Auf deinem Blog kannst du themenrelevante Artikel zu deinem Fachgebiet verfassen und so deine Expertise belegen. Diese Artikel sollten dem Leser unbedingt einen kostenlosen Mehrwert bieten, um langfristig die Besucherzahl zu erhöhen. Über die Zeit werden einzelne Artikel dann bei Google zu den entsprechenden Suchwörtern gelistet. Potentielle Kunden finden so zuerst deine Artikel und einige dieser Leser werden zu Kunden und beauftragen deine Dienstleistung. Zudem kannst du über deinen Blog auch wunderbar die E-Mail-Adressen deiner Leser sammeln und ihnen einen regelmäßigen Newsletter mit Angeboten zustellen.

Aber ein Blog ist viel Arbeit und du solltest hierfür mindestens einen Tag pro Woche einplanen, wenn du damit wirklich erfolgreich auf Kundenfang gehen möchtest. Langfristig kann sich diese Arbeit aber auszahlen und dazu führen, dass du ohne klassische Akquisemaßnahmen auskommen kannst und die Kunden ganz von allein auf dich zukommen. Wenn du die Kaltakquise also langfristig nicht mehr machen möchtest, dann kommst du an einer Onlinemarketing-Strategie heute wohl nicht mehr vorbei. Onlinemarketing macht zudem auch deutlich mehr Spaß, als fremde Menschen anzurufen und sie von deiner Dienstleistung zu überzeugen. Eine Doppelstrategie ist für den Anfang sicher eine gute Wahl.

DEINE FINANZEN MANAGEN

Ein Punkt, dem viele Freelancer zu wenig Aufmerksamkeit schenken, ist ihr Finanzmanagement. Ich spreche hier aus Erfahrung, denn auch ich habe in den ersten Jahren meiner Selbstständigkeit in diesem Bereich viele Fehler begangen und mich blind in dieses Abenteuer gestürzt. Es lohnt sich aber, von Anfang an ein gutes Finanzmanagement zu betreiben. Wenn man die Freelancer-Tätigkeit langfristig skalieren will (und ich vermute, da du dieses Buch liest, dass das dein Ziel ist), dann ist es nie zu früh, damit zu beginnen. Hier einmal drei besonders wichtige Punkte, um beliebte Anfängerfehler von Selbstständigen zu vermeiden:

RÜCKLAGEN BILDEN

Gern vergessen, aber unabdingbar: Du solltest generell Rücklagen von deinen Einnahmen bilden. Nicht alles, was hereinkommt, kannst du wieder ausgeben. Zu allererst wären da die Steuerrücklagen, denn du musst nicht nur quartalsweise die Mehrwertsteuer abführen, sondern am Jahresende auch noch deine Einkommenssteuer zahlen. Zudem können immer mal unerwartete Kosten aufkommen Um dies alles sicher stemmen zu können, empfehle ich dir, mindestens 30 Prozent deiner Einnahmen auf die hohe Kante zu legen, besser sind 40 Prozent. Wenn du das nicht kannst, dann verdienst du zu wenig und solltest dringend an der Einnahmenschraube drehen. Sonst steuerst du auf den Abgrund zu, und der nächste Brief vom Finanzamt kommt bestimmt.

GESCHÄFTSKONTO

Trenne von Anfang an deine privaten Ausgaben und Einnahmen von deinen Geschäftsausgaben und -einnahmen. Am besten geht das, indem du dir ein richtiges Geschäftskonto anlegst. Überweise dir selbst vom Geschäftskonto auf das Privatkonto ein monatliches Gehalt und achte darauf, dass auf dem Geschäftskonto immer genug Rücklagen vorhanden sind. Wenn dein Business später weiter wächst, und das ist ja unser Ziel, dann ist eine saubere Struktur unabdingbar.

AUSGABEN-TRACKING

Halte auch Barausgaben und Bareinnahmen sauber fest und notiere sie dir in einer entsprechenden App. Auch für private Ausgaben und Einnahmen ist dies natürlich empfehlenswert, aber ganz wichtig ist es für alles Geschäftliche.

SOFTWARE-TIPP ZUR BUCHHALTUNG

Für deine Buchhaltung empfehle ich dir zudem Fastbill. Es gibt aktuell wirklich kein übersichtlicheres und praktischeres Tool, um die Buchhaltung als Freelancer zu managen. Außerdem kommt man dank Fastbill ohne die dicken Aktenordner aus und hat alles ganz praktisch und digital in der Cloud vorliegen. Fastbill war so nett, für alle Leser dieses Buches einen kleinen Rabatt anzubieten: Mit dem Rabattcode EARTHCITY bekommst du noch einmal einen zusätzlichen Monat umsonst. Falls du jedoch für deine Buchhaltung anfänglich keine Softwareunterstützung nutzen möchtest, empfehle ich dir, dich zumindest einmal von einem Steuerberater beraten zu lassen und deine Einnahmen und Ausgaben sauber in einer Google Tabelle (oder Excel-Liste) festzuhalten.

BÜROS SIND ÜBERBEWERTET

Die Bürowelt bröckelt und es ist aktuell, zumindest unter den freiberuflich Tätigen, eine kleine Revolution im Gange. Vor wenigen Jahren erschien es noch als vollkommen selbstverständlich, dass man ein Büro benötigt, wenn man als Selbstständiger an Kundenaufträgen arbeiten möchte. Allein die ganzen Papierunterlagen mussten ja irgendwo gelagert werden.

Mittlerweile gibt es immer mehr Freelancer, die auf ein Büro verzichten und ihrer Arbeit an den verschiedensten Orten nachgehen. Das papierlose Büro ist, wenn man die richtigen Tools einsetzt, bereits Realität. Ich kann es bestätigen. Bei mir landet jedes Dokument nach dem Einscannen mit meiner Mobile-App sofort im Recycling-Müll. Ohne Papierberge lässt es sich fantastisch im Coworking-Space, am Küchentisch zuhause oder in einer Bibliothek arbeiten. Ob und inwieweit du auf Bürostrukturen völlig verzichten kannst, häng natürlich auch damit zusammen, welche Art von Dienstleistung du anbietest. Aber kein Büro unterhalten zu müssen, bringt natürlich gerade zu Beginn einige Vorteile. Du sparst vor allem erstmal eine Menge Geld.

Neben dem gesparten Geld finde ich es aber auch langfristig enorm wichtig, sich zu überlegen, inwieweit Bürostrukturen erforderlich sind. Wenn du deine Tätigkeit als Freelancer langfristig skalieren willst, dabei aber deine Flexibilität und Bewegungsfreiheit nicht verlieren möchtest, dann solltest du gleich zu Beginn auf Strukturen verzichten, die du auch später nicht möchtest. Mit der Zeit wird es nämlich immer schwieriger, einmal etablierte Prozesse und Gewohnheiten wieder aufzugeben. Zum Ende des Buches kommen wir übrigens noch einmal ausführlich auf diverse Tools zu sprechen, die du einsetzen kannst, um dein Büro gleich zu Beginn virtuell zu gestalten. Wenn du dich mit diesem Thema bisher noch nie auseinandergesetzt hast, wirst du erstaunt sein, welche tollen Möglichkeiten es aktuell bereits gibt. Das Beste daran ist: Sie werden immer mehr. Jede Woche erfindet jemand ein neues Tool, das noch mehr Freiheiten im Hinblick auf deine Arbeit ermöglicht.

So richtig ins Rollen kam die Bürorevolution im Jahr 2003 durch ein Tool, das sich heute immer noch großer Beliebtheit erfreut. Alles begann, als die Software Skype das erste Mal der Öffentlichkeit zum Download bereitgestellt wurde. Mit Skype war es erstmals möglich, von überall auf der Welt extrem günstig oder sogar kostenlos zu telefonieren. Die ersten Freiberufler aus dem IT-Sektor erkannten die Möglichkeiten recht früh und bedienten ihre Kunden von beliebigen Orten auf der Welt. Was mit den Programmierern begann, schwappte ein halbes Jahrzehnt später auch auf andere Freelancer über. Mittlerweile gibt es virtuelle Telefonanlagen, virtuelle Sekretariats-Services, Postscan-Dienstleister, die die gesamte verbleibende Papierpost digitalisieren und viele weitere hilfreiche Dienstleistungen. In nahezu jeder Branche können Freelancer auf feste Büros verzichten und auch vor großen Unternehmen macht der Trend nicht halt.

Es gibt mittlerweile mehrere große Firmen, die ebenfalls völlig auf feste Büros verzichten oder zumindest gegenüber ihren Angestellten keine Anwesenheitspflicht mehr ausüben. Bisher sind dies aber nur einige wenige Leuchtturm-Unternehmen. Trotzdem: Arbeit entkoppelt sich im digitalen Dienstleistungsbereich zunehmend vom Faktor Ort und wird zu einer Tätigkeit, die von überall ausgeführt werden kann.

WAS WOLLEN MEINE KUNDEN?

Der erfolgreichste Dienstleister ist der, der seinen Kunden das gibt, was sie wirklich brauchen. Du musst ein Bedürfnis stillen, für das andere bereit sind, zu bezahlen. Wenn diese Bedingung erfüllt ist, wird dein Geschäft nahezu von allein wachsen. Wie aber findest du heraus, wo die Bedürfnisse deiner Kunden liegen?

Ganz einfach: Du musst sie fragen. Das direkte Gespräch ist der ideale Moment, um deinen Kunden auf den Zahn zu fühlen.

Bei der Kaltakquise am Telefon ist es beispielsweise so, dass du den größten Erfolg haben wirst, wenn du den Kunden selbst erzählen lässt, wo bei ihm der Schuh drückt. Das kennst du sicher selbst: Stell dir vor, du gehst in einen großen Elektronikmarkt, um dir einen neuen Laptop zu kaufen. Wenn der Verkäufer dich mit Daten und Fakten einzelner Geräte geradezu bombardiert und gar nicht auf die Idee kommt, dich zu fragen, wozu du den Laptop eigentlich überhaupt einsetzen möchtest und worauf es dir bei dem Gerät ankommt, dann hast du vermutlich wenig Vertrauen in seine Fähigkeiten, dir das richtige Gerät zu verkaufen. Wenn der Verkäufer dir aber erst einmal zahlreiche Fragen stellt und sich genau darüber informiert, was du benötigst, dann fühlst du dich gleich viel besser aufgehoben.

Genau so ist es auch bei der Akquise am Telefon. Das hat dann nicht nur den Vorteil, dass du erfolgreichere Kaltakquise betreibst, sondern auch, dass du herausfinden kannst, was deine Kunden von deinem Produkt erwarten und wo bei ihnen der Schuh drückt.

Aber nicht nur die Telefonakquise ist ein guter Weg herauszufinden, was deine (potentiellen) Kunden möchten. Auch mit Bestandskunden solltest du immer wieder das Gespräch suchen oder ihnen Möglichkeiten geben, dir Feedback zu hinterlassen. Im Grunde solltest du die Anfänge deines Daseins als Freelancer wie eine Phase investigativer Untersuchungen betrachten. Du bist Sherlock »Freelance« Holmes und machst dich auf die Suche nach der Antwort auf die Frage, was deine Kunden wirklich wollen. Die Antwort auf diese Frage ist der heilige Gral deines Erfolges und muss in alle Bereiche deiner Vermarktung später mit einfließen. Aus der Antwort auf diese Frage heraus entwickelst du nicht nur die Tagline deiner Website, sondern deine gesamte Strategie.

Deine Kunden sind nicht alle gleich und auch ihre Bedürfnisse können sich unterscheiden. Du musst somit die rote Linie finden, die sich durch ihre Bedürfnisse hindurchzieht. Gleichzeitig solltest du dich aber auch nicht allzu sehr damit stressen und nicht jeder Meinung und jedem Wunsch hinterher jagen. Jeder von uns kennt wohl diese Momente, in denen wir dachten, wir wüssten genau, was wir wollen und wo unsere Probleme liegen, aber wir später feststellten, dass wir falsch lagen. Das passiert natürlich auch den Kunden und es ist daher auch wichtig, hin und wieder die Bedürfnisse der Kunden zu hinterfragen. Die gesunde Mitte macht es.

ALS FREELANCER WACHSEN

Wir kommen zum Ende der Basics für Freelancer und schwenken langsam um zu den Themen, die uns langfristig ermöglichen, unsere freiberufliche Tätigkeit immer weiter zu skalieren und dann auch zu großen Teilen zu automatisieren. In den folgenden beiden Kapiteln geht es um die Themen:

- Arbeit abgeben und outsourcen
- Mit einem Netzwerk weiter wachsen
- Eine Dienstleistung zum Produkt machen
- Prozesse entwickeln und streamlinen

Um diese vier Dinge sinnvoll anwenden zu können, solltest du bereits ein gut laufendes Freelance-Business als Einzelkämpfer haben. Du hast gut gefüllte Auftragsbücher, aber möchtest endlich der Zeit-gegen-Geld-Falle entkommen und kein Aufträge mehr ablehnen müssen oder endlich am Wochenende mal wieder komplett frei nehmen können und dein Einkommen weiter steigern. Wenn es dir auch so geht, dann führe ich dich jetzt Schritt für Schritt durch den Prozess, wie ich dieser Falle entkommen bin und mittlerweile mein Geld smart, und nicht hart, verdiene. Die Zeit, die ich somit gewonnen habe, kann ich in Projekte wie meinen Blog oder dieses Buch investieren.

Von den in den folgenden Kapiteln beschriebenen Taktiken musst du nicht jede 1:1 umsetzen. Nicht alles passt auf jede Art von Dienstleistung. Sieh sie als Komponenten, aus denen du dir herauspicken kannst, was für dich Sinn macht. Der eine Aspekt, der jedoch in fast allen Fällen Anwendung finden sollte: Sei bereit, Arbeit in der einen oder anderen Form abzugeben. Das fällt jedoch besonders Menschen sehr schwer, die gerne die Dinge unter Kontrolle haben bzw. die Angst vor Kontrollverlust plagt. Skalierung und Automatisierung erfordern aber den Mut, Dinge aus der Hand zu geben und Vertrauen in andere Menschen zu haben. Du musst langfristig Teile deines Aufgabenbereiches an andere Menschen abgeben und auf mehrere Schultern verteilen.

In manchen Fällen ist es nicht möglich oder nicht gewollt, die Kerndienstleistung als Freelancer an Mitarbeiter abzugeben, aber selbst in diesem Fall gibt es Möglichkeiten. Aufgaben, die man auf andere Schultern verteilen kann, gibt es grundsätzlich immer. Administration, Sekretariatsarbeiten, Akquise, Telefonannahme. Wenn all diese Dinge extern übernommen werden, gewinnst du bereits eine unglaubliche Menge an Zeit hinzu. Eine richtig nachhaltige Skalierung setzt aber auch bei der Kerndienstleistung an. Hier ist oftmals – gerade in kreativen freiberuflichen Tätigkeiten – die Frage, in welchen Bereichen du bereit bist, jemand anderen deine Arbeit übernehmen zu lassen. Angenommen, du bist Grafikdesigner und dein Business lebt im Grunde von deiner ganz persönlichen Kreativität: In dem Fall möchtest du vermutlich die Kerntätigkeit, in dem Fall die kreative

Entwicklung, nicht völlig abgeben. Keine Sorge, auch hier gibt es eine Lösung. Bis wir aber darauf zu sprechen kommen, kannst du dir schon einmal überlegen, welche täglichen Aufgaben du sofort an andere abgeben würdest und wo es dir besonders schwerfällt.

KAPITEL 3

WACHSTUM DURCH OUTSOURCING UND TEAMBUILDING

WARUM JEDER HEUTE ARBEIT OUTSOURCEN KANN

Die großen Unternehmen machen es schon lange so: Sie eröffnen Produktionsstätten im Ausland, wo die Löhne niedrig sind, und senken so ihre Lohnkosten. Was mit den Produktionen begonnen hat, ist schnell auf den Dienstleistungssektor herüber geschwappt. Auch hier haben über die Jahrzehnte immer mehr Firmen entdeckt, dass sie sich günstigere Arbeitskräfte im Ausland zunutze machen können, die genauso gut qualifiziert sind wie die Angestellten im Herkunftsland.

Diese Praxis ist in unserer globalisierten Welt keine Randerscheinung, sondern die Regel. Ein Unternehmen hat heute auf dem Markt fast keine Chancen mehr, wenn es nicht mitspielt. Die Globalisierung 1.0 ist vollzogen und hat weltweit agierende Konzerne geschaffen, die alle paar Jahre mit ihrer Produktion wieder ins nächste Land wandern.

Auch bei klassischen Dienstleistungsbetrieben wie beispielsweise Architektur- oder Ingenieursfirmen ist dieser Trend angekommen. Große Architekturbüros haben Filialen in Shanghai, Ho-Chi-Minh-City oder Mumbai. Klar, diese Filialen dienen auch dazu, vor Ort zu akquirieren.

Aber der Hauptgrund sind die günstigeren Arbeitskräfte. Das wird natürlich nur nicht so kommuniziert, warum auch.

Was jedoch erst langsam durchsickert und viele kleine Firmen oder gar Solopreneure und Freelancer noch nicht erkannt haben: Outsourcing ist nicht mehr nur den großen Firmen vorbehalten. Outsourcing von Arbeitskräften kann mittlerweile jeder betreiben.

Über den Begriff des virtuellen Assistenten bin ich das erste Mal 2009 gestolpert, als ich das Buch von Timothy Ferris *Die 4 Stunden Woche* gelesen habe. Dort wurde propagiert, sich eine Assistenz, vergleichbar einer Sekretärin, in Ländern wie Indien oder den Philippinen zu suchen. Das Modell war nicht 1:1 auf den deutschsprachigen Markt zu übertragen, da es recht schwierig wird, wenn man in Indien oder auf den Philippinen jemanden suchen möchte, der halbwegs gute Deutschkenntnisse hat. Die Idee dahinter aber funktioniert auch in Deutschland, wenn auch mit leicht veränderter Struktur.

Strandschicht war eines der ersten Unternehmen, das in Deutschland die Vermittlung von virtuellen Assistenten angeboten hat. Rekrutiert wurden und werden diese in Osteuropa, wo es in einigen der Länder vergleichsweise leicht ist, deutschsprachige Mitarbeiter zu finden. Das Geschäft mit der Vermittlung von virtuellen Assistenten läuft mittlerweile auch in Deutschland gut, was eindeutig belegt, dass ein Markt dafür vorhanden ist. Man kann sich aber auch diesen Mittler sparen und selbst auf die Suche nach einer virtuellen Assistenz machen.

Aber bei Assistenzen hört das Ganze noch lange nicht auf. Grundsätzlich kann man auch ausgebildete und studierte Fachleute finden, die für einen alle möglichen Arten von virtueller Arbeit ausführen. Alles, was sich in Bits und Bites übertragen lässt, kann an einen Mitarbeiter in Rumänien, Indien oder sonstwo auf der Welt abgegeben werden.

Auf Plattformen wie Elance.com oder Upwork.com kann man sowohl seine Arbeitskraft als Freelancer anbieten als auch geeignete Freelancer finden, um selbst Arbeit abzugeben. Für eigene Akquise kann ich diese Plattformen eher nicht empfehlen, da man mit den Preisen vieler Freelancer dort einfach nicht mithalten kann, wenn man einen in westlichen Ländern üblichen Stundenlohn erwartet. Um aber selbst auf Mitarbeitersuche zu gehen, sind diese Plattformen ideal.

Viele Freelancer in Deutschland, besonders aus den kreativen Bereichen, haben Angst davor, dass diese Plattformen dafür sorgen werden, dass ihre Stundenlöhne auch in Deutschland weiter gedrückt werden. Die Sorge ist sicher nicht ganz unberechtigt. Jedoch gibt es viele Kunden, die mit deutschsprachigen Freelancern arbeiten wollen, weil sie so oftmals anderen Qualitätsstandard erwarten können und weil sie einen Ansprechpartner haben möchten, der genau ihre Bedürfnisse versteht.

Darum kann man sich als deutscher Freelancer wunderbar das Outsourcing selbst zunutze machen und die Qualitätskontrolle und den Kundenkontakt persönlich übernehmen.

Grundsätzlich gilt, dass Outsourcing jedem offen steht. Großen Konzernen, mittleren Konzernen und einzelnen Personen. Grenzen in Bezug auf digitale Arbeit gibt es wirklich nur noch im Kopf. Trau dich, die Möglichkeiten einmal zu ergründen!

WELCHE TÄTIGKEITEN KANNST DU ABGEBEN?

Grundsätzlich kannst du absolut jede Tätigkeit abgeben. Es gibt Eigentümer von Unternehmen, die sich völlig aus der Arbeit IM und AM Unternehmen herausgenommen haben und selbst die höchste Position »outgesourced« haben. Ein Manager, der an die Spitze der Firma gestellt wurde, kümmert sich um das große Ganze und das Firmenwachstum. Ein solcher Mitarbeiter ist in der Regel umsatzbeteiligt, ihm gehört jedoch nicht die Firma.

Dieses kleine Beispiel soll nur verdeutlichen, dass grundsätzlich jeder ersetzbar ist, auch du selbst. Nur weil du eine Unternehmung gründest, bedeutet dies nicht, dass du für immer in ihr arbeiten musst. Dies im Hinterkopf zu behalten, öffnet dich erst einmal gedanklich für all die Möglichkeiten, die es im Hinblick auf das Outsourcing gibt. Trotzdem, und das solltest du mindestens genauso sehr im Hinterkopf behalten, solltest du am Anfang sehr genau darüber nachdenken, welche Aufgaben du outsourced und welche du selbst übernimmst.

Also: Ja, du kannst langfristig alles abgeben, aber gerade am Anfang solltest du dir sehr genau überlegen, was du selbst machst und was nicht.

Je einfacher und beständiger der Prozess, desto besser kannst du Aufgaben abgeben. Dinge, die viel Anpassung erfordern oder am Anfang sehr wachstumsrelevant sind, solltest du fest in der Hand halten. Ein klassisches Thema, das man schon sehr frühzeitig abgeben kann, wäre beispielsweise die Buchhaltung. Die muss gemacht werden, aber ist sicherlich nicht wachstumsrelevant (es sei denn, jemand baut totalen Mist). Ich nutze für meine Buchhaltung die SaaS-Lösung von Fastbill und bin sehr zufrieden. Es gibt auch einige Freelance-Buchhalter, die sich auf die Buchhaltung mit Fastbill spezialisiert haben.

Texteraufgaben oder gestalterische Aufgaben sind ebenfalls Punkte, die sehr frühzeitig abgegeben werden können. Akquise oder Kundenfeedback zum Beispiel würde ich anfänglich auf keinen Fall abgeben (mehr dazu in einem späteren Abschnitt.) Es kommt natürlich auch sehr darauf an, welche Dienstleistung du anbietest und wie prozessgesteuert diese ist.

Generell gilt: Starte langsam und gib die Arbeit nach und nach ab. Lass dir dabei Zeit.

OUTSOURCING 1×1 FÜR FREELANCER

Im Folgenden findest du ein paar grundsätzliche Dinge, die du beim Outsourcing beachten solltest. Bevor wir also in die Tiefe gehen und über verschiedene Plattformen und Möglichkeiten sprechen, Freelance-Mitarbeiter zu finden, finde ich es wichtig, noch einmal ein paar allgemeine Dinge zu besprechen.

FINDE DIE RICHTIGE MITTE ZWISCHEN VERTRAUEN UND KONTROLLE

Wie bei vielem im Leben, zahlt es sich auch bei Mitarbeitern aus, ihnen einen Vertrauensvorschuss zu geben. Erstens spüren sie das ihnen entgegengebrachte Vertrauen sofort und es schafft eine bessere Basis für die Zusammenarbeit. Zweitens kannst auch du besser schlafen, wenn du einfach mal Vertrauen aufbringst und nicht alles und jeden in Frage stellst. Vertrauen ist also enorm wichtig. Trotzdem musst du auch die Arbeit des Mitarbeiters regelmäßig überprüfen, denn ohne diesen Schritt tanzt dir jeder Mitarbeiter irgendwann auf der Nase herum. Zeig also, dass du Vertrauen hast, aber kontrolliere trotzdem die Arbeit regelmäßig. Über die Zeit sollte sich das gut einspielen.

»MENSCHELN« SCHAFFT ZUSÄTZLICHES VERTRAUEN

Wenn du mit deinem Freelance-Mitarbeiter skypst, dann solltest du dir immer ein wenig Zeit für persönliche Gespräche bzw. ein wenig Smalltalk nehmen. Manch einem scheint das überflüssig. Aus meiner Erfahrung heraus kann ich aber bestätigen, dass es sehr wertvoll investierte Zeit ist, wenn du mit dem Mitarbeiter langfristig zusammenarbeiten willst. Über private Dinge zu sprechen, schafft ebenfalls Vertrauen und die Arbeit wird insgesamt angenehmer für beide Beteiligten. Alle Themen sind denkbar. Familie, Sport, das letzte Wochenende. Das Gespräch muss sich natürlich ergeben. Ein Grund, warum ich so gerne mit Rumänen arbeite, ist übrigens, dass sie unglaublich nette, sympathische Menschen sind. Aber das nur am Rande. Sicher trifft das auf viele andere Landsmänner und Landsfrauen ebenfalls zu.

SAG, WAS DU BRAUCHST. SPRICH FEHLER AN. ABER SEI HÖFLICH.

In manchen Kulturen ist es nicht üblich, Fehler direkt anzusprechen. Man muss sie indirekt in Lob verpacken. Bei uns in deutschsprachigen Gefilden spricht man Probleme direkt an. Hier solltest du dich ein wenig mit der Kultur des Mitarbeiters auseinandersetzen. Wie wird es in seinem Heimatland gehandhabt? Die fünf Minuten, um dir dieses Wissen zu googeln, solltest du dir nehmen. Am Ende ist es natürlich trotzdem sehr wichtig, dass du Probleme klar ansprichst, damit es beim nächsten Mal besser läuft. Es gilt also: Wenn der Mitarbeiter etwas falsch macht, musst du es ihm unbedingt mitteilen. Du musst nur schauen, wie du das am besten transportierst.

NIMM DIR DIE ZEIT, DEINEN FREELANCER AUSREICHEND ZU BRIEFEN

Dieser Punkt ist aus meiner Erfahrung das allerwichtigste Kriterium. Hier werden häufig Fehler begangen. Keiner kann Gedanken lesen. Erst recht nicht, wenn er oder sie 5.000 Kilometer entfernt sitzt. Du musst also klar kommunizieren, was du brauchst und welche Arbeit in welcher Form erledigt werden soll. Wenn die Arbeit repetitiv ist, dann ist die Zeit erst recht gut investiert, alle Arbeitsschritte im Detail zu besprechen. Erstelle am besten ein ausgiebiges Briefing und plane ausreichend Zeit für Skype-Gespräche ein. Ein gutes Briefing ist die halbe Miete!

BEZAHLE IMMER PÜNKTLICH UND BLEIBE FAIR

Wenn du das erste Mal einen Freelancer im Ausland beauftragst, empfiehlt es sich Plattformen wie Elance.com zu nutzen, weil es hier bezüglich der Bezahlung einige Sicherheitsmechanismen gibt. Aber darauf kommen wir nachher noch zu sprechen. Wichtig ist es, dass du den Freelancer zwar erst nach gelieferter Arbeit, dann jedoch unverzüglich und ohne Murren bezahlst. Alles andere ist ein absoluter Vertrauenskiller. Zögere also Zahlungen nicht heraus und versuche auch nicht, sie im Nachhinein zu drücken. Handle wie ein ehrenwerter Kaufmann, ein virtueller Handschlag ist auch ein Handschlag und vereinbarte Preise sollten dann auch gelten.

Bleibe auch fair, was die Abgabetermine angeht. Wenn jemand einmal drei Stunden zu spät liefert, weil er sich verzettelt hat, dann ist das kein Grund, ihm 50 Prozent seines Lohns zu streichen. Wenn es zu oft vorkommt, dann beauftragst du ihn halt nicht mehr. Wenn es sich um eine Kette handelt und deine eigenen Abgabetermine davon betroffen sind, dann plane gleich zu Beginn ausreichende Pufferzeiten ein. Für die Qualitätskontrolle musst du ja auch noch ausreichend Zeit haben.

BRING VON ANFANG AN DEN TEAMGEDANKEN EIN

Du bist der Chef, keine Frage. Aber deswegen musst du dich nicht künstlich aufplustern. Sprich mit deinen Freelancern auf einer Ebene. Verhalte dich von Anfang an so, als wärt ihr ein Team und aufeinander angewiesen. Mach dem Freelancer klar, dass er hier die Möglichkeit auf eine langfristige Zusammenarbeit hat. Das motiviert zusätzlich und wird durch den Teamgedanken noch verstärkt.

OUTSOURCING-PLATTFORMEN

Jetzt gibt es »Butter bei die Fische«. Wir sprechen darüber, wie du deinen ersten Mitarbeiter findest und beginnen mit den Möglichkeiten, die dir die diversen Outsourcing-Plattformen bieten.

Ich habe meine ersten Freelancer vor einigen Jahren alle über die Website Elance.com gefunden. Hier findest du weltweit Freelancer für die verschiedensten Bereiche und unterschiedlichsten Themen.

Ich kann dir Elance für die Suche geeigneter Freelancer und die ersten Beauftragungen sehr empfehlen. Es bietet ein großes Netzwerk, ein gutes Bewertungssystem und einige Sicherheitsfeatures, auf die wir nachher noch zu sprechen kommen. Auf Dauer macht es Sinn, wenn du zu dem entsprechenden Freelancer Vertrauen gefasst hast, die Plattform nicht mehr zu nutzen, da hier natürlich Provisionen anfallen. Aber bevor es so weit ist, gibt es im Folgenden nun erst einmal die wichtigsten Punkte bei der Nutzung von Elance.

Da Elance die Plattform meiner Wahl ist, beschränke ich mich für die ausführlicheren Erläuterungen hier auf Elance. Andere Plattformen arbeiten sehr ähnlich. Die Plattform oDesk, die vor Kurzem in Upwork umgenannt wurde, ist zudem eine 100-prozentige Tochter von Elance, was sicher langfristig dazu führen wird, dass diese Plattformen vollständig verschmelzen.

JOB IN ELANCE AUSSCHREIBEN – UND DANN?

Alles startet bei Elance damit, dass du einen Job ausschreibst und einen Erläuterungstext dazu schreibst. Dieser Text sollte bereits so ausführlich wie irgend möglich sein. Am besten brichst du ihn auf mehrere Einzelschritte herunter. Spare hier nicht an der Zeit, denn hier sollte alles Wichtige enthalten sein, damit der Freelancer dir einen Preis nennen kann. »Später auf Skype besprechen« ist eine zusätzliche Option, aber kann ein gutes Briefing nicht ersetzen. Am Ende meiner Briefings füge ich gerne noch einen Satz wie den folgenden hinzu: Wenn du bis hierher gelesen hast, dann beginne deinen Antworttext mit dem Wort »Lasagne«. Es kann natürlich jedes andere, beliebige Wort sein. So weißt du aber sofort, wer sich die Mühe gemacht hat, deinen Text bis zum Ende zu lesen und wer nicht. Somit hast du gleich ein hervorragendes Auswahlkriterium. Wer seinen Text nicht mit Lasagne beginnt, ist keine gute Wahl für dich.

Zudem musst du hier auch auswählen, ob du den Freelancer auf Stundenbasis oder zu einem Festpreis beschäftigen möchtest und in welchem Bereich der Festpreis ungefähr liegen sollte. Ich empfehle dir, einen Festpreis zu wählen. Eventuelle Zusatzzahlungen lassen sich später über einen Bonus abwickeln. Eine Bezahlung pro Stunde macht nur in wenigen Einzelfällen Sinn.

Lade nun alle Bild- und Textdateien in einer Zip-Datei hoch, die der Freelancer für die Preisbindung benötigt oder die ihm weiterhelfen, einen präziseren Preis zu nennen. Hier ist es auch wieder in deinem Interesse, möglichst ausführliche Informationen zu liefern. Wenn alles steht, kannst du den Job ausschreiben.

Nun kannst du theoretisch die Füße hochlegen und warten, bis sich die ersten Interessenten bewerben. Ich empfehle dir aber, dich selbst auf die Suche nach Freelancern zu machen. Eine Option, die dir auch nach der Veröffentlichung von Elance direkt angeboten wird. Die besten Freelancer sind meist gut gebucht, die besten Leute sehen also mitunter deine Anzeige nicht, weil sie zu sehr mit ihrer Arbeit beschäftigt sind, anstatt die neuesten Jobausschreibungen zu lesen. Es lohnt sich also, selbst einmal im Pool der Freelancer nach guten Portfolios zu suchen und diese dazu einzuladen, auf dein Inserat ein Angebot abzugeben.

PARALLEL MEHRERE FREELANCER ARBEITEN LASSEN

Es besteht die Möglichkeit, bei Elance denselben Job an mehrere Freelancer zu vergeben. Wenn du beispielsweise zwei Freelancer parallel an einem Projekt arbeiten lässt, musst du auch beide bezahlen, was zu doppelten Kosten führt. Wenn bei dir hingegen das Rekrutieren und die Suche nach einem langfristigen Mitarbeiter im Vordergrund stehen, dann kann sich diese Taktik auszahlen und die doppelte Investition sich wirklich lohnen. Diese Option macht aber wirklich nur Sinn, wenn du langfristig feste Leute haben möchtest.

Ich habe auf diese Weise schon mehrfach gute Leute gefunden. Im Bereich der 3D-Visualisierungen zum Beispiel habe ich einen Kundenauftrag bewusst an zwei Freelancer parallel vergeben. Meine Marge am Projekt ging so zwar gegen null, aber ich konnte sehen, wer wirklich gute Arbeit abliefert. Überraschenderweise lieferte der Kandidat, dem ich weniger Talent zugetraut hätte, deutlich bessere Ergebnisse und wir arbeiten heute immer noch im 3D-Bereich zusammen. Da ich also mit dieser Strategie Erfolg hatte, wollte ich sie dir nicht vorenthalten.

DIE TREUHAND-FUNKTION AUF ELANCE

Ein besonders schönes Feature von Elance ist die Treuhand-Funktion, welche sowohl für Auftraggeber als auch für Auftragnehmer sehr viel Sicherheit bietet. Wenn du dich nämlich für einen Freelancer entschieden hast und an diesen deinen Auftrag vergibst, dann musst du die erste Summe bereits bezahlen. Dieser Betrag geht aber nicht an deinen Freelancer, sondern an Elance. Elance übernimmt hier die Treuhand-Funktion und verwahrt dieses Geld so lange, bis du den Auftrag (oder den Teilauftrag) als erfolgreich abgeschlossen markierst. Erst dann wird das Geld freigegeben und fließt an den Freelancer. Auf diese Weise weiß der Freelancer, dass sein Lohn bereits geparkt wurde. Sollte es Probleme geben, kann notfalls Elance als Vermittler eingeschaltet werden. Auch aus diesem Grund ist es so wichtig, die Kommunikation immer über Elance abzuwickeln, damit hier später auch fair entschieden werden kann, falls es zu einem Disput kommt. Wenn du mit deinem Freelancer also Besprechungen über Skype abhältst, dann solltet ihr zumindest ein kurzes Gesprächsprotokoll in den Chatverlauf bei Elance hochladen, welchem ihr dann beide zustimmt.

All diese Sicherheitsmaßnahmen sind aber wirklich nur am Anfang wichtig. Wenn bereits vier oder fünf Aufträge gemeinsam abgewickelt wurden und ihr euch gegenseitig vertraut, dann ist es an der Zeit in Erwägung zu ziehen, Elance zu verlassen, um sich die hier verlangten Prozente zu ersparen. Solltest du hingegen auf diese Sicherheitsfeatures nicht verzichten wollen, dann kannst du natürlich Elance auch langfristig weiter einsetzen.

MEILENSTEINE

Ein letztes Feature, das ich an dieser Stelle noch erwähnen möchte, sind die Meilensteine. Man kann ein Projekt, und entsprechend auch die Bezahlungen, auf mehrere Meilensteine herunterbrechen, falls dies innerhalb der Prozesse Sinn macht. Somit kann man auch die Beträge, die man der Treuhand zahlt, ebenfalls auf den ersten Meilenstein beschränken und muss nicht gleich die gesamte Projektsumme zahlen. Zusätzlich kann man mit den Meilensteinen auch feste Abgabedaten vereinbaren, was auch häufig Sinn macht, wenn das Projekt umfangreicher ist.

ANDERE ANBIETER

Die beliebtesten Plattformen ähneln sich recht stark in ihrer Funktionsweise. Neben Elance, Upwork & Co. gibt es auch einige deutsche Anbieter, die ebenfalls einen Blick wert sind, wenn man gezielt nach deutschsprachigen Freelancern suchen möchte. Zu nennen sind hier vor allem www.machdudas.de und www.tasktilldone.de. Vor allem TaskTillDone kann zukünftig im deutschsprachigen Raum noch an Bedeutung gewinnen. Insgesamt lohnt es sich, den Markt für diese Plattformen im Auge zu behalten.

OUTSOURCING-DIENSTLEISTER

Neben der Möglichkeit, Plattformen wie Elance zu nutzen, gibt es auch einige Anbieter, die eigene Freelancer oder sogar Festangestellte unterhalten und bei denen man für Outsourcing feste Stundenpakete buchen kann. Um sich ein langfristiges Team aufzubauen, sind diese Anbieter natürlich eher ungeeignet (es sei denn, man hat vor, Mitarbeiter abzuwerben). Um aber kleinere Tasks gelegentlich auszulagern, sind diese Anbieter durchaus gut. Man kann hier einfach mal erste Erfahrungen mit Outsourcing sammeln und ausprobieren, was für einen gut oder weniger gut funktioniert. Da einem hier die Auswahl der Mitarbeiter bzw. Freelancer von erfahrenen Leuten abgenommen wird, kann man davon ausgehen, dass man gute und qualifizierte Mitarbeiter zugeordnet bekommt, die Kenntnisse in den Bereichen haben, in denen man die Hilfe benötigt.

Anbieter solcher Services im deutschsprachigen Raum sind:

- Mein virtueller Assistent – www.mein-virtuellerassistent.com
- Strandschicht – www.strandschicht.de
- MachDuDas – www.machdudas.de
- Freiarbeiter – www.freiarbeiter.com
- Fernarbeit – www.fernarbeit.net
- eAssistentin – www.eassistentin.de
- FreeDays – www.free-days.de
- SecretaryPlus – www.secretary-plus.de
- Virtuelle Helfer – www.virtuelle-helfer.de
- ManageMyBusiness – www.manage-my-business.de
- Virtuelle Assistenten – www.virtuelleassistenten.eu
- Mein VBO – www.mein-vbo.de

Besonders gut geeignet sind diese Services für Assistenzaufgaben. Wer mit einer virtuellen Assistenz auf kleiner Stundenbasis beginnen möchte, der ist dort sehr gut aufgehoben. Aber auch andere digitale Fleißaufgaben kann man wunderbar dort auslagern. Wer langfristige Mitarbeiter sucht, der kann hierzu besser die zuvor genannten Plattformen einsetzen.

OUTSOURCING AUF EIGENE FAUST

Neben den bisher beschriebenen Plattformen und Services besteht natürlich auch immer die Möglichkeit, dich selbst auf die Suche nach einem geeigneten Freelancer zu machen, in dem du Anzeigen schaltest, vorhandene Kontakte nutzt oder dir potentielle Mitarbeiter empfehlen lässt.

Ich habe durch Empfehlungen anderer Freelancer bereits mehrfach gute Leute gefunden. Dieser Weg ist natürlich ideal, denn wenn die Empfehlung von Menschen kommt, denen du vertraust, dann ist die Chance bereits höher, dass ihr gut zusammenarbeiten werdet.

Hier noch eine weitere Möglichkeit, die ich selbst noch nicht ausprobiert habe, von der ich aber weiß, dass Kollegen diese sehr erfolgreich einsetzen: Wenn du einen zuverlässigen virtuellen Assistenten in einem Land hast, kannst du diesen beauftragen, sich eigenständig vor Ort auf Mitarbeitersuche zu begeben, zum Beispiel durch Anzeigen in Zeitschriften oder landesspezifische Webseiten mit Jobanzeigen. Es gibt auch durchaus Menschen, die Fremdsprachen wie Englisch oder Deutsch beherrschen, aber noch nicht darüber nachgedacht haben, virtuell für Auftraggeber im Ausland zu arbeiten. Trotzdem kann sich diese Möglichkeit für sie als eine tolle Chance herausstellen.

Zu guter Letzt kannst du natürlich auch selbst in Länder reisen und Mitarbeiter auf Freelance-Basis rekrutieren. Das kann funktionieren, aber auch kräftig in die Hose gehen. Ich habe hier meine ganz eigenen Erfahrungen gemacht. 2012 bin ich, etwas blauäugig, auf die Philippinen gereist, um vor Ort Mitarbeiter für mein CAD-Business zu finden. Ich hatte natürlich schon einige Kontakte, die mir dabei helfen sollten. Jedoch stellte sich jeder einzelne dieser Kontakte als ein überteuerter Fehlgriff heraus. Ich war nicht ausreichend informiert darüber, wie ich selbst gut Leute finden kann. Die Hilfe, die ich mir ausgeguckt hatte, wollte vor allem nur an mir verdienen und hatte kein großes Interesse, mir wirklich zu helfen. In osteuropäischen Ländern mag diese Strategie aber deutlich besser funktionieren als auf den Philippinen.

Wenn du aber feste Freelancer suchst, dir ein gutes Englisch ausreicht und Deutsch nicht erforderlich ist, dann sind die Philippinen der perfekte Ort für qualifizierte, zuverlässige und zugleich auch sehr günstige Mitarbeiter. Ich war damals etwa blauäugig und habe mir die falsche Unterstützung geholt. Es gibt aber auch Services, die dir bei der Rekrutierung helfen, und wirklich halten, was sie versprechen. Empfehlenswert ist hier zum Beispiel der Service von Chris Ducker unter virtualstafffinder.com.

KUNDENGEWINNUNG OUTSOURCEN?

Beim Auslagern von Arbeit fängt man am besten bei den Dingen an, die relativ leicht abzugeben sind, nicht ganz so viel Verantwortung erfordern, einem die meiste Zeit kosten und natürlich am wenigsten Spaß machen. Leider sind die Dinge, die am wenigsten Spaß machen, aber oft auch die Dinge, die nicht so leicht abzugeben sind und viel Verantwortung erfordern. Gar nicht so einfach also.

Generell musst du also zu Beginn damit leben, dass die unangenehmen Aufgaben an dir selbst hängen bleiben. Akquise zum Beispiel. Ein Thema, das mir eigentlich überhaupt keinen Spaß bereitet. Am liebsten wäre dies der allererste Punkt gewesen, den ich an einen Freelance-Mitarbeiter ausgelagert hätte. Akquise macht mir Kopfschmerzen, kostet mich immer wieder Überwindung und fällt mir einfach schwer. Trotzdem ist sie unerlässlich. Sicher geht es dir ähnlich. Zum Hörer zu greifen und potentielle Neukunden anzurufen, das ist einfach kein großer Spaß. Trotzdem rate ich dir dringend dazu, diese Dinge am Anfang nicht aus der Hand zu geben. Dinge, die so elementar wichtig für das Wachstum deines Business sind, sollten Chefsache sein. Zumindest so lange, bis du auf sicheren Füßen stehst und dich in dem Bereich so gut auskennst, dass du dir zutraust, es jemand anderem beizubringen.

Wenn es gar nicht anders geht, wäre es natürlich auch denkbar, dass du dir einen Partner an Bord holst, der sich um das Thema Akquise kümmert. Fest steht: Wer das Thema für dich übernimmt, sollte umsatzbeteiligt sein.

Es gibt auch Akquise-Dienstleister, die für dich extrem unangenehme Dinge wie Telefonakquise übernehmen. Aber diese Dienstleistungen kommen dich in der Regel teurer zu stehen, als jemanden im eigenen Team zu beteiligen. Noch besser ist es aber, wenn du deine Angst vor diesem Thema selbst ablegst und einfach damit anfängst. Glaub mir eines: Es gibt wenig, was sich so positiv auf dein Business auswirken wird, wie deinen eigenen Schweinehund in Bezug auf dieses Thema zu überwinden.

Etwas, dass du relativ problemlos outsourcen kannst, sind SEO-Maßnahmen, um langfristig auch Kunden über Google & Co. generieren zu können. Es ist nie zu früh und nie zu spät, sich diesem Thema ausführlicher zu widmen. Wenn du einen Überblick über die besten Akquisemethoden haben möchtest, empfehle ich dir mein Booklet Kunden finden, das du dir unter www.earthcity.de/kunden kostenlos herunterladen kannst.

DAS ORTSUNABHÄNGIGE, VIRTUELLE UNTERNEHMEN

Mit einem Team von 10, 20 oder sogar 100 Personen zusammenzuarbeiten, erfordert heutzutage keine großen Büros mehr. In manchen Fällen sogar gar keine Büros. Die Zukunft, davon bin ich fest überzeugt, liegt in virtuellen Teams. Mitarbeiter, die dezentral ihrer Arbeit überall nachgehen können. In manchen Branchen ist dies leichter, in anderen Branchen noch schwerer umsetzbar, aber große Büros werden in den nächsten Jahrzehnten zunehmend überflüssig. Es gibt bereits amerikanische Internetfirmen, bei denen 90 Prozent aller Mitarbeiter nicht in einem zentralen Büro, sondern so ziemlich von überall aus arbeiten.

Die Softwareangebote, um virtuelle Teams bei der Arbeit zu unterstützen, wachsen und die Tools, die es bereits gibt, haben einen großen Zulauf (im nächsten Abschnitt empfehle ich einige Softwarelösungen). Virtuelle Teams können hervorragend funktionieren, kritisch ist dabei jedoch die Kommunikation untereinander. Nur mit den richtigen Tools, die auch von allen Teammitgliedern täglich genutzt werden, ist diese sichergestellt.

Im Falle meines CAD-Services arbeiten wir mit diversen Tools. TeamViewer erleichtert zum Beispiel, gemeinsam über großflächige Pläne zu schauen und Markierungen und Kommentare zu platzieren, während man Tausende von Kilometern voneinander entfernt ist. Slack, ein Team-Kommunikationstool, ermöglicht es innerhalb des Teams bequem und unkompliziert zu chatten, ohne dass diese Gespräche unübersichtlich werden. Trello, ein Projektmanagement-Tool, sorgt für die nötige Ordnung innerhalb der Projekte. Mit Skype können virtuelle Konferenzen via Webcam abgehalten werden. Die Möglichkeiten sind nahezu unbegrenzt. Es gibt sogar Tools, mit denen man die Arbeitszeit der Mitarbeiter tracken kann, indem sie sich einloggen müssen und in regelmäßigen Abständen Screenshots ihrer Bildschirme gemacht werden und an den Chef (in dem Fall dich) gesendet werden. Ob man so viel Überwachung jedoch braucht, halte ich für fraglich. Vertrauen und Teambuilding funktionieren jedenfalls anders.

TEAMBUILDING IST ENORM WICHTIG!

Wenn man ein Team aufbaut und dieses erfolgreich steuern will, dann muss man zum einen eine kollegiale Atmosphäre zu schaffen, aber zugleich deutlich machen, dass das letzte Wort bei der Teamleitung, in diesem Fall bei dir, liegt. Manche Menschen haben ein Talent für Teamführung, aber die meisten müssen sich diese Fähigkeit erst aneignen und werden auf dem Weg einige Fehler begehen, aber im Idealfall davon lernen. Ein virtuelles Team, ganz so wie jedes andere Team, benötigt Vertrauen und auch eine gewisse Vertrautheit. Besonders Letzteres ist virtuell natürlich schwer zu erreichen. Aus meiner Erfahrung helfen regelmäßige Skype-Calls mit Kamera dabei aber sehr. Zudem solltest du dir Vorschläge aus dem Team immer in Ruhe anhören und ernst nehmen. Die finale Entscheidung liegt natürlich bei dir, aber du solltest den Teammitgliedern das Gefühl geben, dass sie sich einbringen dürfen, einen gewissen Einfluss nehmen können und Vorschläge auch bei dir ankommen. Das motiviert dein Team ungemein. Darüber hinaus solltest du deine Mitarbeiter rechtzeitig bezahlen, auch mal mit ihnen lachen und ihnen deine Entscheidungen immer erläutern. Wenn du diese Dinge einhältst, klappt es auch mit dem Teambuilding.

TOOLS, UM DEIN TEAM ZU STEUERN

Einige der Tools, die ich in meiner täglichen Arbeit mit meinem CAD-Team nutze, möchte ich dir hier kurz vorstellen. Welche Softwarelösungen du letztlich nutzt, hängt natürlich auch davon ab, welche Prozesse du in deinem Team implementierst. Es gibt auch Teams, die mit Skype und Google-Tabellen auskommen. Aber in den meisten Fällen hilft es schon, weitere Tools zu nutzen. Die hier vorgestellten Tools sind auch weitestgehend in ihren Basic-Features kostenlos.

Skype

Skype kennst du sicherlich schon. Mit der Einführung von Skype ist eine Revolution in Gang gesetzt worden. Kannst du dich noch erinnern, wie teuer Auslandsgespräche vor der Erfindung von Skype noch waren? Ein Preis von fast 2 Euro pro Minute für einen Anruf um die halbe Welt war damals noch völlig normal. Dank Skype kosten diese heute zwischen 2 und 0 Eurocent, je nachdem, ob man auf einem Festnetz-Telefon oder auf einem anderen Skype-Account anruft. Skype ermöglicht auch Telefonkonferenzen. Man kann nicht nur die Webcam nutzen, sondern auch eine Ansicht des eigenen Bildschirms mit dem Gesprächspartner teilen. Allein dieses Feature erleichtert uns die Teamarbeit oft ungemein.

TeamViewer

Mit dem TeamViewer kann man ebenfalls Teamkonferenzen abhalten. Das Tool hat diverse Features, die das Besprechen von Unterlagen, Plänen, Entwürfen, etc. vereinfachen. Außerdem kann man jeden beliebigen PC oder Mac über das Internet steuern. Teammitglieder können damit sogar auf Rechner zugreifen, die sich an einem anderen Ort befinden.

Slack

Slack ist wie ein Chat für ein virtuelles Team. Es können themenrelevante Chatrooms angelegt werden und auch Gespräche mit einzelnen Teammitgliedern geführt werden. Auch private Gruppenchats sind möglich. Zudem kann man Slack an Dropbox und Google Docs anbinden und so auch Dokumente bequem direkt im Chat mit anderen Teammitgliedern teilen.

Ohne Slack wäre bei uns keine vernünftige Teamkommunikation möglich, dieses Tool ist unverzichtbar.

Trello

Trello ist ein Projektmanagement-Tool. Ich würde es am ehesten als eine verschachtelte To-Do-Liste über mehrere Ebenen bezeichnen, in der man einzelne Aufgaben unterschiedlichen Teammitgliedern zuschieben kann und somit projektbezogene Arbeiten mehrere Teammitglieder durchlaufen können und trotzdem nicht verloren gehen. Mit Trello kann man leicht die Übersicht behalten und gemeinsam mit vielen Personen an einem großen Ganzen arbeiten.

Google Docs

Google Docs (bzw. Google Tabellen) ist ein Textverarbeitungstool, das sich in seinen Grundfunktionen erst einmal nicht von Word (bzw. Excel) unterscheidet. Es hat die gleichen Aufgaben und auch eine ähnliche Funktionalität. Richtig spannend wird es jedoch dadurch, dass das Tool in der Cloud funktioniert und browserbasiert arbeitet. Dokumente können für beliebig viele Teammitglieder freigeschaltet werden und es können unterschiedliche Rechte vergeben werden. Es war nie leichter, im Team an gemeinsamen Dokumenten zu arbeiten. Google Docs lässt sich wunderbar in Kombination mit Slack und Trello einsetzen.

Dropbox

Dropbox ist im Grunde ein virtuelles Laufwerk, vergleichbar mit einem Firmenserver. Es kann hier eine Ordnerstruktur angelegt werden, die sich mit der Ordnerstruktur auf dem eigenen Rechner ständig synchronisiert. So hat man auf der einen Seite praktischerweise gleich eine eingebaute Datensicherung und kann auf der anderen Seite bequem im Team arbeiten und auf die gleichen Daten zugreifen, ganz so, als säße man gemeinsam in einem Büro und hätte einen Firmenserver.

Fastbill

Fastbill erleichtert und vereinfacht die Buchhaltung ungemein. Es können mit Fastbill ganz bequem Angebote und Rechnungen erstellt werden sowie Ein- und Ausgaben (inklusive der Belege) eingelesen werden und dem Steuerberater kann ein direkter Zugang angelegt werden. Mit dem Rabattcode EARTHCITY erhältst du zudem zwei Monate gratis, die dir ausreichend Zeit zum Testen des Tools ermöglichen.

FREIER MITARBEITER ODER FESTER MITARBEITER?

Meine Offshore-Freelancer sind für mich wie Mitarbeiter. Trotzdem nenne ich sie hier bewusst Freelancer, denn sie sind nicht fest angestellt. Sie könnten im Grunde jederzeit gehen, wir haben keinerlei vertragliche Vereinbarung. Warum ich das so handhabe und worin die Vor- und Nachteile liegen, darauf kommen wir jetzt genauer zu sprechen.

Obwohl ich mit einem Netzwerk von mittlerweile sieben Personen zusammenarbeite und einige davon auch Vollzeit für mich beschäftigt sind, bin ich nach wie vor ein Einzelunternehmer. Mein Unternehmen besteht nur aus mir, es gibt keine Festangestellten und im unwahrscheinlichen Fall eines plötzlichen Einbruchs der Auftragslage bin ich zu keiner Lohnfortzahlung verpflichtet.

Das gleiche Risiko trage ich aber auch andersherum. Jeder Freelancer könnte von heute auf morgen entscheiden, nicht mehr für mich tätig zu sein. Er könnte sogar meine Kunden direkt ansprechen und abwerben. Ich bin dagegen nicht geschützt.

Dieses Risiko, das mir sowohl Vor- als auch Nachteile bringt, gehe ich aber bewusst ein. Die Freiheit und Flexibilität stehen für mich im Vordergrund. Überlegungen, einmal langfristig in Rumänien zu firmieren, um dort Mitarbeiter fest einstellen zu können, gibt es. Das Arbeitsrecht in Rumänien ist auch etwas entspannter als das deutsche. Jedoch besteht bisher noch keine Notwendigkeit und die dadurch zu erwartende Kostenersparnis im Vergleich zum höheren Risiko macht diesen Schritt noch nicht dringlich. Es ist aber durchaus möglich, dass dies in einigen Jahren sinnvoll ist.

Bei der Überlegung, ob du fest einstellst oder nicht, kommt es auch immer darauf an, auf wie vielen Schultern du die Arbeit verteilst. Schultern, die nicht in direktem Kontakt miteinander stehen und somit keine Gefahr besteht, dass sie gleichzeitig wegbrechen. Zudem musst du dabei auch bedenken, wie viel Schutz vor externer Datenweitergabe du benötigst. Ein fest angestellter Mitarbeiter wird sich schwerer damit tun, Informationen weiterzugeben. Aber auch ein freier Mitarbeiter kann entsprechende Verträge unterzeichnen.

Bei großen Unternehmen sind freie Mitarbeiter heute bereits die Regel. Studien kommen beispielsweise zu dem Schluss, dass Mitarbeiter auf Projektbasis oft für Unternehmen die bessere Wahl sind, wenn diese Projekte eine Dauer von ca. zwei bis drei Jahren nicht überschreiten. Hier ist der Freelancer die optimale Wahl. Bei längeren Einsatzzeiten lohnt es sich hingegen, einen Mitarbeiter fest anzustellen. In einer Untersuchung aus der IT-Branche wurden hierfür neben Stundensätzen und der Produktivität in einer der zwei Modellrechnungen auch die Rekrutierungskosten für IT-Freelancer und festangestellte IT-Mitarbeiter einbezogen.

Wenn man seine Unternehmung nach dem Lean-Startup-Gedanken starten und zu Beginn nicht investieren möchte, dann sind natürlich Freelancer besonders interessant, da man keine Angst haben muss, sich durch Mitarbeiterkosten ins Verderben zu stürzen.

Interessant sind auch Mischkonzepte, in denen man den engsten Mitarbeiter, der die tiefsten Einblicke in alle Prozesse hat und die Projektsteuerung mit übernimmt, fest anstellt und prozessausführende Mitarbeiter als Freelancer beschäftigt.

KAPITEL 4

DEINE DIENSTLEISTUNG ALS PRODUKT

WAS IST EINE »DIENSTLEISTUNG ALS PRODUKT«?

Wir haben in den vorherigen Kapiteln bereits besprochen, wie man Teile der eigenen Arbeit outsourcen kann, damit mehr Zeit für die wirklich wichtigen Aufgaben bleibt. Außerdem haben wir besprochen, wie man ein Netzwerk etabliert, in dem die Menschen virtuell effizient miteinander arbeiten können. Nun geht es darum, diese Dinge zu nutzen, um sich selbst immer weiter aus den täglichen Operationen herauszunehmen und feste Prozesse zu etablieren.

Das, was wir nun gemeinsam Schritt für Schritt besprechen wollen, wird im Englischen oft als »Productized Service« bezeichnet. Auf Deutsch lässt sich das Ganze nicht ganz so knackig ausdrücken. Eine »als Produkt verpackte Dienstleistung« trifft es in meinen Augen schon ganz gut. Wir nehmen eine Dienstleistung und verwandeln diese in ein Produkt, denn Produkte sind eher skalierbar und automatisierbar. Wie das genau funktionieren soll, darum geht es in diesem Kapitel.

Ich verwende für »Productized Services« an diesem Punkt die Bezeichnung Dienstleistung als Produkt, um im deutschen Sprachraum zu bleiben. Was ist also eine Dienstleistung als Produkt?

Eine Dienstleistung als Produkt fokussiert sich auf eine ganz spezifische Dienstleistung, die durch die Spezialisierung in besonders guter Qualität geliefert werden kann. Die Dienstleistung kann nicht von einer Software übernommen werden, sondern muss manuell ausgeführt werden, kann aber gleichzeitig so stark spezialisiert werden, dass die Prozesse stark vereinheitlicht werden können. Da die Dienstleistung somit in Standardprozessen ausgeführt werden kann, liefert eine Dienstleistung als Produkt diese Arbeit präziser und oft auch günstiger als ein einzelner Freelancer.

Aus der Kundenperspektive heißt das: Eine Dienstleistung als Produkt fokussiert sich auf eine ganz spezifische Dienstleistung, verpackt und angeboten zu einem fixen Preis und mit ganz klarem Mehrwert.

Aus deiner Perspektive klingt das in etwa so: Eine Dienstleistung als Produkt ist so designed, dass es mit oder ohne direkte Beteiligung skaliert werden kann, damit du dich darauf konzentrieren kannst, AM Business zu arbeiten anstatt IM Business. Die tagtäglichen Prozesse funktionieren langfristig ohne dich.

Ein Beispiel kann dies sicher am besten erläutern: Angenommen, du arbeitest bereits seit mehreren Jahren als Freelancer im Bereich Webdesign und hast eine stabile Kundenbasis und generierst eine ausreichende Anzahl an Aufträgen. Hin und wieder musst du evtl. sogar Aufträge ablehnen, denn auch dein Tag hat nur 24 Stunden. Du wärst eigentlich an dem Punkt, Mitarbeiter einzustellen, aber du willst keine Webdesign-Agentur eröffnen, sondern langfristig deine Zeit nicht mehr gegen Geld tauschen. Hier ist eine Dienstleistung als Produkt die ideale Fahrkarte zu dem Ziel, das heißt: mehr Zeit für dich.

Anstatt zu einer Webagentur zu wachsen, spezialisierst du dich noch mehr. Dies könnte zum Beispiel bedeuten, dass du zukünftig nur noch Webdesign für 3-Sterne-Hotels anbietest und dich ganz auf ihre speziellen Bedürfnisse fokussierst. Gleichzeitig erweiterst du dein Team, jedoch nicht durch klassische Einstellungen, sondern durch ein Offshore-Netzwerk aus Freelancern, die ihre Arbeit remote ausführen können. Über die Zeit kannst du dich aus den täglichen Prozessen zurücknehmen und AN deiner Unternehmung anstatt IN deiner Unternehmung arbeiten.

Übrigens: Falls du konkrete Beispiele und Fallstudien suchst, die dir noch einmal genau in der Praxis aufzeigen, wie das alles funktioniert, habe ich dir diese unter www.earthcity.de/fallstudien hinterlegt. Du musst dort nur deine E-Mail-Adresse eintragen und bekommst die Fallstudien bequem per E-Mail zugesendet.

AUF EINE EINZIGE DIENSTLEISTUNG BESCHRÄNKEN

Deine Spezialisierung – diese eine Sache – ist das, was eine Dienstleistung als Produkt von der Tätigkeit als Freelancer abhebt.

Nur eine Sache!

Wenn du als Freiberufler arbeitest, dann bietest du in der Regel eine lange Liste verschiedenster Services an, für die deine Kunden dich bezahlen. Als ich noch als Freelancer im Bereich Architektur gearbeitet habe, habe ich alles angeboten, was im Bereich Architektur so benötigt wird. Von Feuerwehrplänen bis zu 3D-Visualisierungen. Als ich mich dann entschied, Prozesse einzuführen und weiter zu wachsen, musste ich etwas tun, was zunächst als Rückschritt erscheint, aber langfristig für Wachstum unerlässlich ist: mich auf eine Sache spezialisieren.

Dies sind bei mir heute CAD-Zeichnungen bis hin zur Genehmigungsplanung. Webdesigner zum Beispiel bieten häufig personalisiertes Webdesign, PSD to HTML, Wordpress, E-Mail-Newsletter-Design, Lokodesign und viele weiteren Dinge an. In einer Dienstleistung als Produkt würdest du dir eine Sache herausnehmen, zum Beispiel die Gestaltung und Betreuung von E-Mail-Newslettern und würdest nur diese eine Dienstleistung anbieten – dafür aber in Perfektion und zu einem sehr fairen Preis.

Nur ein spezifischer Service, den du zuverlässig und professionell an deine Kunden auslieferst. Das ist der erste Schritt. Dazu musst du radikal dein Angebot zusammenstutzen. Bist du dazu bereit? Es wird sich mittelfristig für dich lohnen.

Übrigens: Viele größere Firmen haben bereits diese Art von klar spezifizierten Servicepaketen im Angebot. Baumärkte zum Beispiel, die im Grunde Produkte verkaufen, aber nahezu immer auch einen Service für die Ausführung anbieten. Mit diesem Service fahren diese Firmen oft extrem hohe Margen ein und die Produkte selbst haben im Gegenzug wesentlich geringere Margen. Man kann auch Produkte und als Produkte verpackte Dienstleistungen wunderbar miteinander kombinieren.

Im Folgenden noch einmal eine ganz klare Definition in fünf Punkten für deine Dienstleistung als Produkt:

1. Klar definiertes und spezialisiertes Angebot, idealerweise unterstützt von Marketingmaterialien, die dem Kunden den Mehrwert darlegen.

2. Möglichst einfache und übersichtlich gehaltene Preisgestaltung, die es dem Kunden ermöglicht, seine Kosten in wenigen Minuten selbst festzulegen. Pakete eigenen sich hierfür besonders gut.

3. Ein klar definierter Prozess auf mehreren Ebenen: Klar umschriebener Lieferungsprozess, eindeutige Aufgabenteilung und Rollen, feste Teamaufteilung, Dauer bis zur Auslieferung in Unterschritten. Standardisierte Prozesse, aber personalisierte Resultate.

4. Anwendung von Vorlagen, wo immer möglich. Dort, wo keine individuelle Anpassung erfolgt, werden Standardvorlagen eingesetzt.

5. Ständige Überarbeitung und Verbesserung der Prozesse, Routinen zur Einhaltung von Feedback.

Das sind die Punkte, die erfüllt sein sollten, um eine Dienstleistung als Produkt zu verpacken und erfolgreich skalieren zu können. Dabei kann die Dienstleistung alleine für sich stehen, oder es können unter einer Dachmarke langfristig wieder mehrere Leistungen angeboten werden, jede aber mit ihren eigenen Abläufen. Diverse Komponenten können in einer Art Lifecycle-Portfolio angeboten werden. Ergänzende Dienstleistungen im Up- oder Downsell. Das bedeutet, dass man Kunden, die bereits eine Produkt-Dienstleistung erworben haben, eine weitere Dienstleistung anbietet, die höherpreisig oder günstiger ist.

Das Schöne an Dienstleistungen als Produkt ist, dass man sehr schnell und schlank starten kann, wenn man es schafft, sich zu Beginn auf »die eine Sache« zu beschränken. Ich lege es dir daher nahe, dies einmal gedanklich durchzuspielen. Ich selbst habe immer viele neue Ideen und werde getrieben vom »Syndrom der glitzernden Objekte« - mache also am liebsten alles gleichzeitig. Ich weiß genau, wie hart es ist, sich hier einzuschränken. Und doch solltest du es tun, es lohnt sich.

3 GUTE GRÜNDE ZUR UMSTRUKTURIERUNG

Es gibt viele Gründe, warum jetzt der richtige Moment ist, deinen Service bzw. deine Dienstleistung als Produkt zu verpacken. Drei Gründe stechen besonders heraus. Diese will ich dir nicht vorenthalten:

ECHTE FREIHEIT

Ich meine nicht die Freiheit, zuhause in deinen Shorts arbeiten zu können. Als Unternehmer gewinnst du weitere Freiheiten hinzu. Die Freiheit, Geld zu verdienen, ohne dass dies direkt mit deiner aufgebrachten Zeit verknüpft ist. Angestellte und normale Freelancer tauschen immer Geld gegen Zeit. Dass das in den seltensten Fällen zu Wohlstand führt, kann man sich leicht denken. Du musst deine Einnahmen von der Zeit, die du aufbringst, abkoppeln. Du gewinnst die Freiheit, dich auf das große Ganze zu konzentrieren, anstatt den ganzen Tag aufkommende Feuer löschen zu müssen.

WACHSTUM

Es ist die mit Abstand beste Methode, um ein Freelancer-Business auf die nächste Stufe zu heben und dir langfristig zu ermöglichen, mehr zu verdienen und mehr zeitliche Freiheit zu genießen. Deine Unternehmung wird bei einem »Dienstleistung als Produkt«-Modell so strukturiert, dass sie für Wachstum geradezu prädestiniert ist. Festgelegte Standardprozesse ermöglichen es neuen Mitarbeitern schnell zu verstehen, was ihre Rolle ist. Hier verhält sich deine Unternehmung nun wie ein klassisches Produkt: Es gibt keine Wachstumsgrenzen mehr, die durch dich als Flaschenhals innerhalb der Prozesse entstehen würden.

EINEN WERT AUFBAUEN

Als Freiberufler hat lediglich deine Zeit einen Wert: dein fester Stundenlohn. Als Unternehmer baust du hingegen einen echten Wert, das Business selbst. Dieses wächst von Jahr zu Jahr im Wert, je mehr Kunden du hast und je besser deine Prozesse werden. Eines Tages magst du dich dazu entscheiden, dein Business zu verkaufen. Durch deine etablierten Strukturen ist das kein Problem. Du kannst deine Unternehmung auch so aufbauen, dass sie von alleine läuft und du dich auf völlig neue Ideen konzentrieren kannst. Hierzu musst du auch die Akquise automatisieren. Eine Herausforderung, aber definitiv möglich.

Ich hoffe, ich konnte dich mittlerweile von den Vorteilen überzeugen. In den nächsten Abschnitten führe ich dich im Detail durch die einzelnen Schritte, um deine Dienstleistung umzustrukturieren und dich auf die Umstellungen vorzubereiten.

IN 3 SCHRITTEN ZUR PERFEKTEN DIENSTLEISTUNG

Es geht los. Wir beginnen damit, für dich die eine Dienstleistung herauszusuchen, auf die du dich zukünftig beschränkst. Wir fokussieren uns auf die eine Kern-Dienstleistung, für die du bekannt wirst und die du besonders gut machen wirst, besser als jeder andere, was es Kunden ganz leicht macht, sich für dich zu entscheiden. Dein Service wird einen so klaren Mehrwert liefern, dass ein potentieller Kunde nicht lange überlegen muss.

Unsere Kriterien sind:

1. Klarer Mehrwert für den Kunden
2. Fokussiert auf eine Kerndienstleistung
3. Skalierbar und prozessgesteuert

Lass uns diese Kriterien ansetzen, um nun für dich die ideale Dienstleistung herauszupicken. Ich verwende hier zum besseren Verständnis naheliegende Beispiele von häufig vorkommenden Freelancer-Jobs.

SCHRITT 1: LISTE ALLES AUF, WAS DU BISHER FÜR DEINE KUNDEN TUST UND IN RECHNUNG STELLST.

Als Freelance-Architekt habe ich viele Dinge getan: Aufmaß genommen (in Häusern aufgemessen), bei Umbauten beraten und die Baustelle koordiniert, Genehmigungsplanungen erstellt und beim Amt eingereicht, Werkplanungen erstellt, Ausschreibungen erstellt und Firmen beauftragt sowie vieles andere mehr.

Als Freelance-Webdesigner (ein für viele Leser sicher besser greifbares Beispiel) muss man ebenso viele Dinge parallel machen. Dazu können neben den eigentlichen Websites auch das Logodesign, Texterstellung, Suchmaschinenoptimierung, Newsletter-Gestaltung usw. gehören.

Liste am besten einmal alles auf, was du machst und anbietest. Verschaff dir eine Übersicht, um dann leichter Punkte streichen zu können, bis nur ein einziger übrig bleibt.

Sowohl ich als auch mein Webdesign-Beispiel hier (nennen wir sie Anna) haben somit an vielen unterschiedlichen Baustellen gearbeitet. Anna und ich haben so ziemlich alles angeboten, was irgendwie in unser Betätigungsfeld fällt, in der Hoffnung, somit möglichst viel Arbeit abgreifen zu können. Ein natürliches Verhalten. Es macht auch durchaus Sinn, zu Beginn einer Tätigkeit als Freiberufler die eierlegende Wollmilchsau zu sein. Allein schon um zu testen, in welchen Bereichen der größte Bedarf vorhanden ist und auch die beste Marge möglich ist. Und damit kommen wir schon zum nächsten Punkt: Welche Dienstleistung verkaufst du bisher am besten oder wo siehst du die größte Nachfrage?

SCHRITT 2: WÄHLE EINE KERNDIENSTLEISTUNG AUS, UM DICH GANZ DARAUF ZU FOKUSSIEREN.

Im Folgenden gebe ich dir ein paar Kriterien an die Hand, auf dessen Basis du dich entscheiden kannst: Wähle zuallererst etwas, für das dich Kunden bereits in der Vergangenheit gut bezahlt haben. Nimm etwas, das echten Mehrwert für deine potentiellen Kunden hat. Idealerweise ist es etwas, für das dich Kunden auch schon mehr als einmal bezahlt haben. Einen Service, den ein Kunde auch mehrmals beauftragen würde, oder an dem er sogar in einer Art Abo-Servicemodell interessiert sein könnte. Wähle keine Dienstleistungen, die für deine Kunden »ganz nett« wären.

Wähle etwas, das ein Bedürfnis deckt, ein Problem löst, deinen Kunden einen Schmerz nimmt. Genau das ist nämlich unser tiefstes Grundbedürfnis und das beste Verkaufsargument, das es auf unserem Planeten Erde gibt: deinem Kunden einen Schmerz zu ersparen. Das kann schon gedeckt sein, wenn er am Ende des Tages sagt: »Gott sei Dank musste ich mich nicht noch selbst um das nervige Thema XY kümmern, sondern habe jemanden dafür.«

Des Weiteren macht es Sinn, etwas zu wählen, das mit einem ganz offensichtlichen positiven Outcome bzw. Mehrwert für deinen Kunden verbunden ist. Neben dem Ersparen eines Schmerzes gibt es nämlich noch ein ganz fantastisches Verkaufsargument: leicht nachvollziehbare Resultate. Kunde Müller hat letztes Jahr durch meinen Service 30 Prozent seiner Ausgaben eingespart. Kunde Maier konnte sich wegen meines Services jeden Freitag anderen Dingen widmen. Kundin Schmidt hat letzten Monat 100 neue Kunden dazugewonnen. Diese Dinge kannst du wunderbar als Verkaufsargument aufführen und sie sind unbezahlbar. Wähle daher eine

Dienstleistung, die dir solche Belege ermöglicht. Der Erfolg klassischer Marketingmaßnahmen ist oft schlecht zu messen, eine E-Mail-Kampagne beispielsweise kann wiederum sehr klar mit Statistiken und Zahlen den Mehrwert kommunizieren. Ich zum Beispiel erhöhe für meine Kunden ihre eigene Marge, da sie dank meiner Dienstleistung Auslastungsspitzen durch Outsoucing abfangen können und nicht gelangweilte Mitarbeiter einstellen müssen, die nur alle paar Monate mal richtig Gas geben müssen. In vielen Branchen ist die Auftragslage ja ein ständiges Up and Down. Wer hier die »Ups« also die Peaks, für einen Unternehmer abfedern kann, der bietet einen ganz klaren Mehrwert

Wähle zudem etwas, das du zu einem großen Teil automatisieren kannst. Manche Dienstleistungen schreien quasi schon nach Automatisierung. Wenn du so etwas finden kannst, wäre das natürlich ideal. Alles, was leicht zu delegieren, systematisieren und automatisieren ist, ist wie ein Goldklumpen unter den Dienstleistungen. Es gibt generell nur wenige Dinge, die gar nicht automatisierter sind, aber bei manchen ist es leichter, bei anderen schwerer.

Bei mir waren Baustellenbesuche natürlich überhaupt nicht automatisierbar. Die Erstellung von Ausschreibungen hingegen ist teilweise automatisierter, jedoch gestaltet sich das sehr schwierig. Das Erstellen ganz spezifischer technischer Zeichnungen (CAD) ist von allem am besten automatisierbar, daher habe ich dies auch ausgewählt.

Bei Anna, unserer Webdesignerin, wäre beispielsweise ein E-Mail-Newsletter-Service sehr leicht automatisierbar. Individuelle Websites hingegen nicht, es sei denn, man spezialisiert sich hier wiederum auf eine ganz bestimmte Art von Websites – zum Beispiel nur für Zahnärzte, die dann immer wieder nach dem gleichen Schema aufgebaut sind.

Prüfe also:

- Sind schon Kunden dafür vorhanden?
- Gibt es einen klar kommunizierbaren Mehrwert?
- Ist diese Dienstleistung leicht automatisierbar?

SCHRITT 3: VISUALISIERE DIE STRUKTUR DEINES NEUEN DIENSTLEISTUNGSUNTERNEHMENS

Nachdem du nun eine Sache herausgepickt hast, auf die wir uns fokussieren können, wird es nun Zeit, deinen Computer für eine Weile zuzuklappen oder auszuschalten und ein Blatt Papier und einen Stift in die Hand zu nehmen. Klar, du kannst auch mit einem beliebigen Zeichenprogramm auf dem Rechner arbeiten, aber ich finde, dass es bei kreativen Prozessen unheimlich die Kreativität beflügelt, wenn man den Bildschirm ausmacht und das Brainstorming auf dem guten alten Papier erledigt. Aber das kannst du selbst entscheiden.

Wir werden nun visualisieren, wie dein Service aufgebaut sein wird. Du bist nun nicht mehr Freelancer, sondern Solopreneur, ein allein agierender Unternehmer. Als solcher ist es auch deine Aufgabe, visionäre Überlegungen anzustellen, um dein Business voranzubringen. Klingt gut, oder?

Es ist nun Zeit, dein Business, die Abläufe und Prozesse einmal visuell aufs Papier zu bringen. Du hast dazu nun bereits einige Tools an der Hand. In den vorherigen Kapiteln haben wir darüber gesprochen, wie du dir Geoarbitrage zu Nutze machen kannst und Freelancer im Ausland in deine Prozesse einbinden kannst. Zudem haben wir darüber gesprochen, wie du dir aus diversen Freelancern (und ggf. festen Mitarbeitern) im In- und Ausland ein virtuelles Team zusammenstellen kannst. All dies findet nun in unserer Visualisierung Verwendung und muss mit deiner ausgewählten Dienstleistung (»ein Ding«) und deinen zur Verfügung stehenden Online-Tools und Programmen in Prozesse verwandelt werden. Für mich ist dies der Teil, der am meisten Spaß macht. Du kannst dir nun wie aus Legosteinen deine eigene Unternehmung zusammenbauen. Du verbindest einfach die Zahnräder so miteinander, dass alles intelligent ineinandergreift.

Suche dir für die anstehende Übung einen inspirierenden Ort aus. Eine Terrasse mit Fernblick, ein ruhiges Plätzchen in deinem Lieblingscafé oder deinen Lieblingsort innerhalb deiner Wohnung. Das erste Brainstorming kannst du auch bei einer Radtour machen oder während du wandern oder joggen gehst. Je nachdem, wo bei dir die Kreativität am besten sprudelt. Dann geht es los!

Stell dir verschiedene Fragen:

- Was bekommt der Kunde am Ende alles?
  (Was muss geliefert werden?)

- Wer erstellt die Dinge innerhalb des Prozesses ?
  (Verantwortlichkeiten)?

- Wie läuft die Qualitätssicherung?
  Übernimmst du diese anfänglich selbst?

- Welche Software wird benötigt?
  Wie funktioniert die Teamkommunikation?

- Kann man die manuellen Prozeduren in kleinere
  Prozeduren herunterbrechen?

- Wie oft muss innerhalb eines Prozesses die Arbeit
  zwischen zwei Teammitgliedern übergeben werden?

- Wie kommt der Auftrag herein?
  Wer nimmt ihn an? Was passiert dann?

Ich empfehle dir, die obigen Fragen erst einmal in Stichworten zu beantworten, so dass du bei der Erstellung eines Systems darauf zurückgreifen kannst. Spiel dann in deinem Kopf einmal durch, wie ein Auftrag das gesamte System durchlaufen würde und überleg dir dann eine Struktur dafür.

Der Auftrag steht dabei im Mittelpunkt: Du solltest den Auftrag selbst als das Element betrachten, das eine Kette von Abläufen und Personen durchwandern muss. Am Anfang steht somit die eingehende Kundenanfrage (per Telefon, E-Mail, Formular, etc.), die dann in einem Angebot münden muss und von einer Art Kundenbetreuer im Auge behalten werden muss. Akzeptiert der Kunde das Angebot, geht die Verarbeitungskette los. Am Ende deiner Visualisierung muss dann die Übergabe der Dienstleistung an den Kunden stehen.

Die erste Visualisierung meines Business habe ich damals im Zug auf die Rückseite einer Bahnfahrkarte gezeichnet. Die Prozesse, so wie sie heute ablaufen, sind aber völlig anders strukturiert. Mach dich also nicht verrückt. Dein erstes Konstrukt muss nicht für immer so bleiben. Wichtig ist nur, dass du irgendwo anfängst. Denn wo nichts ist, kann auch nichts verbessert werden.

PROZESSE ÜBERPRÜFEN UND VERBESSERN

Du hast die Struktur deines neuen Dienstleistungsunternehmens nun zum ersten Mal visualisiert. Danach ist es Zeit, die Schrauben etwas enger anzuziehen und deine Struktur noch einmal zu überprüfen und ggf. zu optimieren. Ziel ist es, dass am Ende 70 bis 80 Prozent der täglichen Abläufe innerhalb deines Services standardisiert abgewickelt werden können. Überprüfe daher noch einmal die folgenden Punkte innerhalb deiner Struktur:

Vorhersehbarkeit
Wir wollen davon wegkommen, Dinge jedesmal anders zu machen und uns einem standardisierten, vorhersehbaren Prozess nähern.

Effizienz
Wir suchen nach Wegen, unseren Lieferprozess schneller zu machen und reduzieren oder eliminieren die Wahrscheinlichkeit von Fehlern.

Effektivität
Während wir die Effizienz verbessern, dürfen wir das Ziel nicht aus den Augen verlieren: eine effektive Lösung zu finden, die für den Kunden wertvolle Resultate liefert.

STANDARDISIEREN, NICHT UNBEDINGT AUTOMATISIEREN.

In der Regel lässt sich nichts automatisieren, was von Menschen bearbeitet werden muss. Völlige Automatisierung würde bedeuten, dass diese Leistung auch durch Software oder Maschinen zu erbringen wäre. Was unsere Dienstleistung als Produkt aber abhebt, ist, dass diese eben nicht völlig automatisierbar ist. Wir standardisieren sie nur, soweit es möglich ist, und versuchen somit einer Automatisierung so nah wie möglich zu kommen – wohl wissend, das wir völlige Automatisierung nicht erreichen können. Solltest du feststellen, dass deine Prozesse ganzheitlich automatisiert werden können, dann ist sicher ein SaaS Modell für dich interessant (Software as a Service) und du solltest langfristig anstreben, eine Softwarelösung anzubieten anstatt eine Dienstleistung als Produkt.

Hier noch einige Fragen, unter denen du die Struktur überprüfen solltest:

- Wie kann man Schritt X effizienter gestalten?
  (Schneller gestalten, Fehleranfälligkeit reduzieren oder eliminieren)
- Wie kann Schritt Y vorhersehbarer werden, indem
  Unterschiede zwischen den verschiedenen Kunden reduziert werden?
- Wie kann Schritt Z effektiver Resultate produzieren?

Anbei einmal beispielhaft einige Schritte innerhalb der Prozessstruktur meiner Dienstleistung:

Auftragsannahme
Der Kunde beauftragt uns auf Grundlage eines Angebotes. Der Auftrag muss im Projektmanagement-Tool angelegt werden und ein kurzes Briefing wird erstellt. Dann werden über Slack alle in Frage kommenden Freelancer informiert und es wird abgestimmt, wer den Auftrag annimmt.

Rückfragen
Ein Freelancer hat Rückfragen zu einem Projekt. Diese müssen direkt an den Kunden gestellt werden. Der Freelancer informiert den Kollegen im Kundenmanagement. Dieser nimmt per E-Mail oder per Telefon Kon-

takt mit dem Kunden auf und ergänzt das Briefing im Projektmanagement-Tool um die vom Kunden gelieferten Antworten.

Terminplanung
Das Kundenmanagement muss eine Terminplanung erstellen, um den Kunden frühzeitig über einen Liefertermin informieren zu können. Dieser Terminplan wird ebenfalls im Projektmanagement-Tool hinterlegt und der Freelancer muss diesem zustimmen. Es muss ausreichend Zeit für die Qualitätskontrolle eingeplant werden, mindestens 24 Stunden.

Diese Abläufe werden ständig hinterfragt und weiter verbessert.

DICH AUS DEN ARBEITSABLÄUFEN ENTFERNEN

Okay, du hast nun eine Dienstleistung für dein Unternehmen ausgewählt und das Ganze in Prozessstrukturen verpackt. Das grobe Gerüst steht bereits, zumindest in der Theorie. Nun wird es Zeit, in die Umsetzung zu gehen. Das finale Ziel ist es, dass du dich aus den laufenden Prozessen irgendwann komplett herausnehmen kannst und diese auch ohne dich gut funktionieren, damit du AN deinem Business anstatt IN deinem Business arbeiten kannst.

Wenn du beginnst, deine Dienstleistung in ein Produkt umzuwandeln, dann sieht dein Tagesablauf plötzlich völlig anders aus. Als Freelancer investierst du die meiste Zeit, um kreative oder technische Projektarbeit zu leisten. Das kann konkret bedeuten, dass du Pixel in Photoshop herumschiebst, technische Zeichnungen in einem CAD-Programm erstellst, Online-Statistiken auswertest oder Artikel schreibst.

Als Unternehmer sieht das völlig anders aus. Hier müssen sich deine Überlegungen vielmehr auf das »große Ganze« konzentrieren. Die Projektarbeit übernehmen andere. Deine Aufgabe ist es, zu überlegen, wie die Unternehmung weiter wachsen und gleichzeitig ihre Flexibilität erhalten kann.

Es ist enorm wichtig, dass du dich langfristig aus dem sogenannten Tagesgeschäft weitestgehend herausnimmst, damit du den Kopf für diese ebenso wichtigen Aufgaben freibekommst. Daher hier ein paar Beispiele zwischen »in deinem Business arbeiten« und »an deinem Business arbeiten«.

IN DEINEM BUSINESS ARBEITEN

- Bilder in Photoshop bearbeiten
- Schriften auswählen
- Für Artikel recherchieren
- Eine Rechnung an einen Kunden schreiben
- Inhalte in eine Website einpflegen
- E-Mails von Kunden beantworten

Diese Aufgaben sind Alltag für jeden Freelancer und unverzichtbar in einem Dienstleistungs-Business. Jedoch musst du diese Aufgaben konsequent abgeben und dich auf andere Bereiche konzentrieren.

AN DEINEM BUSINESS ARBEITEN

- Eine Vision entwicklen: auf Papier bringen, wo dein Business in den nächsten 12 bis 24 Monaten hinsteuern soll.
- Eine Marketingstrategie entwickeln, um noch mehr Kunden zu gewinnen.
- Dein Produkt bzw. den Service verbessern.
- Die Systeme und Prozeduren weiter überarbeiten und perfektionieren.
- Talentierte Freelancer finden, die in deinem Netzwerk mitarbeiten möchten.

Du bist der Steuermann: Du triffst wichtige Entscheidungen, denkst strategisch und kreativ. Glaube mir, diese Aufgaben füllen dich mehr als genug aus und halten dich beschäftigt. Hin und wieder ist es sicher erforderlich, in die Abläufe einzugreifen, besonders am Anfang, z.B. bei einer größeren Kundenbeschwerde.

Eine Frage, die mir häufiger begegnet, lautet: Kann ich als Kopf eines »Dienstleistung als Produkt"-Unternehmens trotzdem noch kreative Arbeit machen? Viele Freiberufler aus kreativen Bereichen (z.B. Designer) haben häufig Angst, dass ihre kreative Arbeit auf der Strecke bleibt und sie zukünftig nur noch Management-Funktionen übernehmen und andere die Arbeit übernehmen »dürfen", die ihnen eigentlich besonders viel Spaß macht. Ein guter Punkt, auf den ich etwas ausführlicher eingehen möchte.

Naheliegend wäre hier zu sagen, dass man sich eben zwischen der kreativen Arbeit als Freelancer oder einer richtigen Unternehmung entscheiden muss. Aber ich denke nicht so. Schließlich ist es DEINE Unternehmung und du kannst selbst entscheiden, welche Arbeiten du innerhalb dieser übernehmen möchtest, solange du für das »große Ganze" noch ausreichend Zeit einplanst.

Trotzdem kannst du dich natürlich, wenn du dies unbedingt möchtest, in kreative Prozesse einmischen. Unterschätze aber nicht die Kreativität, die auch während deiner Management-Aufgaben erforderlich ist. Auch hier kann sich ein kreativer Mensch ausleben, wenn auch in etwas anderer Form. Als Chef ist es deine Aufgabe, Lösungen für Probleme zu finden, denen du zuvor noch nie begegnet bist. Lösungen für bestimmte Probleme muss man auch als Freelance-Designer ständig finden.

Wie du das Wachstum deines Dienstleistungsservices gestaltest, das liegt ganz allein an dir. In diesem Buch berichte ich in erster Linie davon, mit einem Freelancer-Netzwerk zu arbeiten, ggf. sogar mit einem Offshore-Netzwerk, um dir Lohnunterschiede zunutze zu machen.

Aber es gibt natürlich auch noch viele weitere Möglichkeiten. Wachstum kann bedeuten, jedes Jahr neue Teammitglieder hinzuzufügen und deine Einkommenszahlen zu verdoppeln. Aber Wachstum kann für dich persönlich auch etwas ganz anderes bedeuten. Vielleicht möchtest du lieber ein kleines Team behalten und dauerhaft nur mit ein bis zwei Freelancern arbeiten? Wachstum kann auch bedeuten, innerhalb einer festen Struktur Verbesserungen anzustreben. Deine Dienstleistung in ein Produkt zu verwandeln, heißt vor allem, erst einmal Kontrolle darüber zurückzugewinnen, was du tust und was du nicht tust. Du entfernst die Dinge, die dir deine kreativen Kräfte rauben (bei mir zum Beispiel vor allem das Rechnungswesen) und gestaltest dein Business so, dass du dich auf das konzentrieren kannst, was deiner Kernkompetenz entspricht, was du wirklich tun willst und was dich weiterbringt.

Oder, wie in meinem Fall, kannst du deinen Service auch so gestalten, dass er mit der Hilfe eines kleinen Teams weitestgehend auch ohne dich funktioniert. So kannst du dich mit einem Großteil deiner Energie auf neue Vorhaben konzentrieren. (Das führt zu einem langsameren Wachstum deiner Unternehmung, aber gibt dir mehr Zeit für Neues. Ich habe mich bewusst dafür entschieden.)

Fazit: Als Eigentümer eines eigenen »Dienstleistung als Produkt"-Unternehmens musst du ständig kreative Lösungen zu teilweise extrem herausfordernden Problemen finden. Der Unterschied ist nur, dass am Ende nicht nur die vom Kunden bezahlte Rechnung steht, sondern eine wachsende Unternehmung, die selbst einen Wert besitzt. Zudem funktioniert diese Art von Unternehmung idealerweise mit dir oder ohne dich. Wie du das gestalten möchtest, das entscheidest du selbst.

AUF AUTOPILOT UMSCHALTEN

Es ist soweit, wir schalten um auf Autopilot. Ich hoffe, dass du langsam siehst, wie all diese Elemente zu einem »großen Ganzen" zusammenkommen können. In diesem Abschnitt sprechen wir über das letzte noch fehlende Puzzlestück: Wie du die geplanten Prozesse auf Autopilot umschaltest, damit diese von allein funktionieren und du dich zurückziehen kannst. Du hast nun quasi das Uhrwerk zusammengesetzt und alle Zahnräder eingebaut.

Nun fehlt noch die Batterie, um diese zum Laufen zu bringen. Damit dir das auch gelingt, anbei ein paar wichtige Hinweise.

NIMM DICH LANGSAM HERAUS

Ein Fehler, den viele am Anfang begehen (mich eingeschlossen): zu schnell aus den Prozessen auszusteigen. Die Zeit, die erforderlich ist, damit du dich komplett aus den Prozessabläufen entfernen kannst, liegt bei ein bis zwei Jahren. Am Anfang solltest du alles, wirklich alles, selbst übernehmen, damit du die Prozesse verstehst und Verbesserungen vornehmen kannst. Du legst nicht einfach nur den Hebel um. Der Weg vom klassischen Freelancing zu einem Dienstleistungsservice als Produkt ist ebenfalls ein Prozess, der langsam vonstatten geht. Du solltest daher erst einmal die Prozesse implementieren und dich auf die eine ausgewählte Dienstleistung spezialisieren, aber anfänglich in alle Prozessen noch selbst deine Nase hineinstecken. Das langfristige Ziel bleibt, alle Aufgaben abzugeben, aber das braucht Zeit. Mach daher am Anfang möglichst viel selbst! Gib nach und nach Aufgaben ab. Niemals alles gleich zu Beginn. Wichtig ist dies auch, um Feedback von deinen Kunden zu bekommen. Nur so findest du heraus, was wirklich funktioniert und was nicht, und was ihnen den größten Mehrwert bringt. Du als der Gründer musst jeden Teil der Abläufe verstehen. Übe dich also in Geduld, soviel wie eben nötig.

DOKUMENTIERE ALLES

Dies ist ebenfalls extrem wichtig, während du selbst noch in allen Prozessen mitarbeitest: In dieser Zeit solltest du alles dokumentieren, damit du es später optimieren und delegieren kannst. Aus deinen Aufzeichnungen kannst du später SOPs (Standard-Operationsprozeduren) erstellen. Ich kann dir aus Erfahrung sagen, dass es extrem nervig und zeitaufwendig ist, alle Prozesse zu dokumentieren und Lust hat man dazu nie. Aber es wird dir am Ende sehr helfen, die Arbeit deinen Freelance-Mitarbeitern zu erläutern, vor allem für den Fall, dass es häufige Wechsel gibt. Dabei helfen dir Screenshots und Videoaufzeichnungen (z.B. mit Camtasia) deines Bildschirms. Versuch aber, die Dokumentationen schlank und simpel zu halten. Lege die Dokumentationen am besten in der Cloud an (z.B. Google Docs), sodass es später leicht ist, diese mit Mitarbeitern zu teilen. Später können deine Mitarbeiter diese Dokumente weiter bearbeiten und ergänzen.

TEAMAUFBAU BRAUCHT ZEIT

Teamaufbau ist nichts, was man an einem Tag oder in einer Woche erledigen kann. Starte mit einem ersten Freelance-Mitarbeiter und baue langsam Vertrauen zwischen euch auf. Du wirst in den ersten Wochen mit deinem ersten Mitarbeiter bereits so viel lernen, dass dir dies für die zweite Teamergänzung unwahrscheinlich viel helfen wird.

Lass dir bei der Auswahl Zeit. Wenn du deine Freelance-Mitarbeiter ortsunabhängig einstellst (diese also nicht an einem bestimmten Ort leben müssen, wozu ich dir dringend rate), dann nimm dir Zeit für den Bewerbungsprozess. Ein längerer Skype-Call zeigt, ob ihr euch sympathisch seid.

Ich nutze sehr gern ein Schwächen-/Stärkenprofil, um potentielle Mitarbeiter einzuschätzen, da ich der Überzeugung bin, dass Lebensläufe sehr wenig über einen Menschen und seine Arbeitseinstellung aussagen.

DELEGIEREN LERNEN

Arbeit richtig zu delegieren und Mitarbeiter zu führen, ist etwas, das man über die Zeit lernen muss. Auch ich habe anfänglich viele Fehler gemacht, aber bin an ihnen gewachsen. Du solltest jedem potentiellen Mitarbeiter übrigens einen Vertrauensvorschuss geben. Das macht das Teambuilding am Anfang deutlich einfacher. Ob ein Mitarbeiter eine schlechte Wahl war, zeigt sich meist eh erst nach ein paar Wochen, sowas lässt sich nicht immer im Bewerbungsverfahren völlig ausschließen.

Sobald du nun einen Freelance-Mitarbeiter im Team hast und ihr vertrauensvoll zusammenarbeitet, wird es Zeit, ihn oder sie zu trainieren und in die erforderlichen Abläufe einzubinden. Die von dir dokumentieren Prozeduren sind nun sehr hilfreich. Du solltest dich aber nicht allein darauf verlassen, sondern gemeinsam mit ihm oder ihr die Prozesse mehrfach durchgehen und begleiten. Zudem solltest du alle E-Mails in Kopie an die Mitarbeiter senden und ihnen auch den E-Mail-Schriftverkehr langsam übergeben, wenn erforderlich.

Nach zwei bis drei Wochen sollten sie mit allen Prozessen ausreichend vertraut sein, um eigenständig zu arbeiten und im Idealfall auch direkt mit Kunden kommunizieren zu können, wenn dies in ihre Arbeitsprozessen so vorgesehen ist. Am Anfang wird sich dies etwas ungut anfühlen und dir ggf. auch Angst machen, so viel Verantwortung abzugeben. Aber je früher du dich daran gewöhnst, desto besser, denn dieser Schritt ist unvermeidlich und muss getan werden. Je früher du es tust, desto schneller erreichst du dein Ziel: ein Business, das auch ohne dich läuft. Jedes Mal, wenn du einen Task abgibst, den du zuvor selbst erledigt hast, gewinnst du ein wenig Zeit hinzu, dich um andere Dinge zu kümmern. So einfach ist das.

Diese neu gewonnene Zeit kannst du dann einsetzen, um neue Marketingstrategien zu entwickeln, deinen Service zu verbessern, deine Prozesse zu optimieren, eine völlig neue Businessidee umzusetzen oder einfach nur für eine Weile in den Urlaub zu fahren. Wie du sie nutzt, liegt an dir!

VIEL ERFOLG AUF DEINEM WEG!

Ich hoffe, meine Insights zu den Themen Oursourcing, Teambuilding und Skalierung deines Freelance-Business haben dich auf neue Ideen gebracht. Nicht jeder zuvor besprochene Punkt muss für dich relevant sein.

Wichtig ist nur, dass du dir die Bausteine herausnimmst, die für dich Sinn machen, damit du dir deine eigene Idee aufbauen kannst. Vielleicht willst du vor allem finanziell unabhängig werden und dich in deiner Unternehmung weiterhin selbst einbringen. Vielleicht ist dir dein Einkommen nicht so wichtig und du willst einfach etwas mehr Zeit für andere Dinge zur Verfügung haben.

Mir war es mit diesem Buch wichtig, dir einmal die heutigen Möglichkeiten jenseits der klassischen Strukturen aufzuzeigen und dich zu ermutigen, neue Wege zu gehen. Virtuelle Teams sowie virtuelle Mitarbeiter im Ausland, Nischenpositionierungen und all die Akquisemethoden im Internet – diese Dinge sind die Zukunft. Wer auf die Zukunft baut, kann erst einmal grundsätzlich nicht so viel verkehrt machen, oder?

Lass uns gemeinsam weiter wachsen. Ich wünsche dir von Herzen viel Erfolg auf deinem weiteren Weg!

Besuche mich auf www.earthcity.de

13544370R00049

Printed in Poland
by Amazon Fulfillment
Poland Sp. z o.o., Wrocław